SOMMAIRE DES FICHES

SOCIAL 2024

MINI-PRÉCIS

Évelyne Cornu-Gaidan

Formatrice titres professionnels en ressources humaines (niveaux 6 et 7)

Nathan

FICHE 1

Les sources du droit social

Les sources du droit du travail

- Internationales : traités bilatéraux entre la France et les pays étrangers, conventions de l'OIT (Organisation internationale du travail).
- Européennes : règlements communautaires (directement applicables dans la loi française).
- Nationales : Constitution, lois et règlements, droit conventionnel, jurisprudence, usages, règlement intérieur, contrat de travail.

À NOTER Deux principes fondamentaux :
- Le respect des règles supérieures
- La dérogation par accord de branche ou d'entreprise plus favorable (exceptions possibles)

Attention : ce principe de faveur a été remis en cause par deux lois (2004 et 2008) qui ont inversé les normes en permettant à un accord d'entreprise d'être moins favorable qu'un accord de branche dans certains domaines : salaires minimums, classifications, garanties collectives en matière de protection sociale complémentaire, mutualisation des fonds de la formation professionnelle, contingent d'heures supplémentaires, aménagement du temps de travail, convention de forfait, compte épargne-temps.

La Constitution

Le préambule de la Constitution de 1958 pose les principes fondamentaux suivants : droit au travail, droit syndical, droit de grève, droit de liberté syndical.

Les lois et les règlements

- Les lois sont votées par le Parlement (certaines sont négociées en amont avec les partenaires sociaux). Elles émanent du Code du travail, du Code civil, du Code pénal et du Code administratif.
- Les règlements, élaborés par le gouvernement, interviennent sur des aspects plus techniques (SMIC...), les professions étant très diversifiées et nombreuses.

Le droit conventionnel

Ces règles, négociées par les partenaires sociaux (syndicats), sont très nombreuses et permettent au droit social d'évoluer. Il s'agit :
- des accords interprofessionnels, des accords de branche et des accords d'entreprise (cf. FICHE 2) ;
- de la jurisprudence.

Elles regroupent les décisions des tribunaux, essentiellement des cours d'appel et de la Cour de cassation, et permettent de faire avancer la loi.

Les usages

Les usages doivent réunir trois éléments pour être ainsi qualifiés : la généralité, la constance, la fixité.

Ils ont constitué pendant très longtemps la source principale du droit du travail. Il est assez fréquent que la loi renvoie aux usages (le préavis, par exemple). Encore aujourd'hui, certaines professions continuent de faire d'un usage force obligatoire. Il s'agit, notamment, des primes de fin d'année, du 13e mois, des primes de rendement, des vacances...

Le règlement intérieur

Ce document, rédigé par l'employeur au titre de son pouvoir de direction, est obligatoire dans les entreprises de plus de 50 salariés.

Le contrat de travail

- Il définit la relation de travail entre un employeur et un salarié **(cf. FICHE 9)**. Le contrat de travail est un contrat :

- synallagmatique bilatéral : il entraîne des obligations réciproques ;
- *intuitu personæ* : il est à titre personnel ;
- à titre onéreux : une rémunération est versée ;
- à exécution successive : il se poursuit dans le temps.

Nous retrouvons le schéma suivant de hiérarchie des sources :

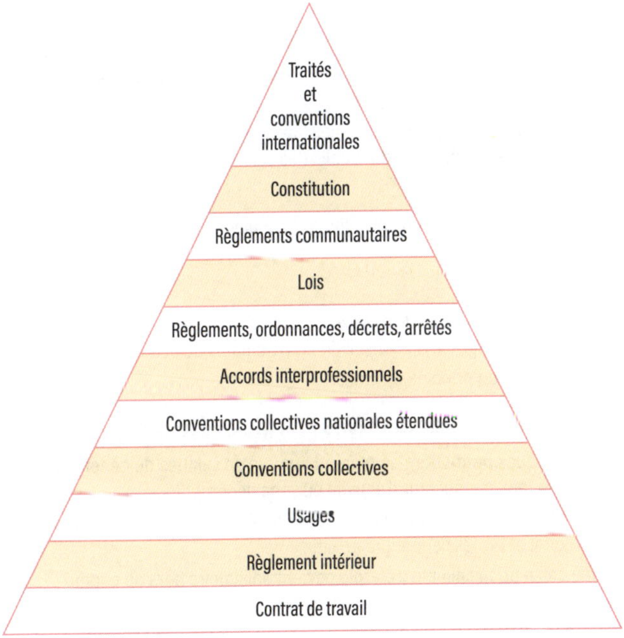

FICHE 2

La convention collective et le règlement intérieur

Il s'agit, en préambule, de faire la distinction entre convention et accord collectif :

- une **convention collective** traite de l'ensemble du droit du travail et adapte le Code du travail à un secteur déterminé ;
- un **accord collectif** traite d'un thème particulier.

La convention collective

Définition : une convention collective est un accord négocié entre les partenaires sociaux.

- Pour les salariés : par des syndicats représentatifs (un seul suffit).
- Pour l'employeur : par lui-même ou par des syndicats.

Champ d'application et contenu

- Une convention collective définit le territoire sur lequel elle s'applique : national, régional ou local.
- Elle contient les conditions de travail : embauche, classification, licenciement, salaires, congés...
- Elle peut prévoir des mesures moins favorables que le Code du travail, sauf pour les mesures d'ordre public (les salaires, par exemple).

Application

Les effets d'une convention collective sont immédiats, impératifs et automatiques.

Entrée en vigueur et durée

- Une convention collective entre en vigueur dès le lendemain du dépôt au ministère et au greffe du conseil de prud'hommes du lieu de sa signature.
- Sa durée est en principe de 5 ans.

Les conventions collectives élargie et étendue

Ces techniques permettent à un grand nombre de salariés de bénéficier de conventions par secteur d'activité ou zone géographique.

- Une **convention collective étendue** devient obligatoire dans le champ territorial et professionnel prévu initialement.
- Une **convention collective élargie** devient obligatoire hors du champ territorial et professionnel prévu initialement.

C'est le ministre du Travail qui décide ou non d'étendre une convention collective.

Le règlement intérieur

Définition : le règlement intérieur est un document écrit rédigé par l'employeur au titre de son pouvoir de direction. La loi impose son contenu afin de limiter les abus potentiels.

Il est obligatoire dans les entreprises de plus de 50 salariés.

Élaboration

Elle comporte plusieurs étapes :

- consultation pour avis du CSE ;
- transmission à l'inspection du travail pour contrôle ;
- dépôt au greffe du conseil de prud'hommes dont dépend l'entreprise ;

- affichage dans les locaux avec sa date d'entrée en vigueur (un mois après l'accomplissement de toutes les formalités).

La loi prévoit des clauses obligatoires mais elle pose également l'interdiction de certaines clauses.

Clauses obligatoires

- Mesures d'hygiène et de sécurité
- Discipline, échelle des sanctions
- Procédure de sanctions disciplinaires
- Dispositions sur le harcèlement sexuel et moral

Clauses interdites

- Restrictions du droit des personnes et libertés individuelles
- Discriminations
- Amendes ou sanctions pécuniaires

À NOTER L'inspecteur du travail peut demander la modification, l'ajout ou la suppression du règlement intérieur.
Le règlement intérieur peut être mis en place dans les entreprises de moins de 50 salariés.

Nature et échelle des sanctions disciplinaires

- Pour les entreprises de moins de 50 salariés, l'employeur décide des sanctions (respect de la légalité).
- Pour les entreprises disposant d'un règlement intérieur, les sanctions sont fréquemment celles-ci :
  - avertissement écrit : observation d'un rappel à l'ordre (une observation verbale n'est pas une sanction) ;
  - blâme : réprimande sévère ;
  - mutation disciplinaire : changement de poste ;
  - mise à pied : suspension temporaire du contrat ;
  - rétrogradation : changement de fonction ou classification ;
  - licenciement.

FICHE 3

L'inspection du travail

Le droit du travail doit être appliqué et, en conséquence, un contrôle doit être réalisé. L'inspecteur du travail a pour missions de veiller au respect des lois et de sanctionner les illégalités. Ce fonctionnaire est rattaché à une DREETS (Direction régionale de l'économie, de l'emploi, du travail et des solidarités), sous l'autorité de la Direction générale du travail.

Les missions de l'inspecteur du travail

Un inspecteur du travail :

- assure le respect de l'application du droit du travail (Code du travail, conventions et accords collectifs) dans tous ses aspects : contrats de travail, durée du travail, salaires, fonctionnement des institutions représentatives du personnel, IRP, hygiène et sécurité… ;
- facilite le dialogue social et peut jouer un rôle de conciliateur en cas de litige ou de conflit au sein de l'entreprise (ex. : grève).

Pouvoir de décision et compétences spécifiques

- Vérification de la régularité du règlement intérieur (pouvoir de modification ou de retrait de certaines clauses)
- Autorisation en cas de licenciement de salariés protégés, d'heures supplémentaires, de recours au travail partiel…
- Pouvoir d'exiger la mise en place d'instances représentatives du personnel (IRP) (CSE : comité social et économique)
- Autorité en cas d'inaptitude médicale d'un salarié

Les droits variés de l'inspecteur du travail

L'inspecteur du travail intervient dans toutes les entreprises de son secteur et dispose de plusieurs droits.

- **Droit d'accès :** il peut accéder à une entreprise de jour comme de nuit, que l'employeur soit présent ou non, averti ou non.
- **Droit de visite :** il peut visiter les services et ateliers pour vérifier notamment le respect de la réglementation en matière d'hygiène et de sécurité. Un élu du personnel doit l'accompagner le cas échéant.
- **Droit d'enquêter :** il constate les infractions à la réglementation, peut interroger les salariés, l'employeur et les IRP.
- **Droit de communication :** il peut demander à examiner les différents documents obligatoires, tels que les registres du personnel, les livres de paie, les PV de réunion du CSE…
- **Droit de prélèvement :** pour analyse, il peut prélever des matières travaillées, des produits finis ou utilisés.

Les pouvoirs de sanction

Selon la gravité des infractions au droit du travail constatées, l'inspecteur du travail peut :

- adresser à l'employeur une lettre d'observations, une mise en demeure avec délai de régularisation ;
- saisir le juge des référés en cas de danger grave et imminent (santé, sécurité), faire cesser des travaux en cours, suspendre l'exécution du travail d'un apprenti…

FICHE 4

Le conseil de prud'hommes

Un conseil de prud'hommes est une juridiction paritaire : il est composé d'un nombre égal de salariés protégés (contre le licenciement) et d'employeurs, et non de magistrats professionnels. Les conseillers prud'homaux sont compétents pour trancher les litiges nés à l'occasion du contrat de travail.

Mode de désignation et conditions d'élection

- Les conseillers prud'homaux :
  - sont désignés pour 4 ans par les organisations syndicales et patronales représentatives (depuis 2016, ils ne sont plus élus) ;
  - sont nommés par le ministre de la Justice et le ministre chargé du Travail ;
  - doivent être de nationalité française, avoir plus de 21 ans, jouir de leurs droits civiques, avoir travaillé au moins 2 ans au cours des 10 dernières années.
- La parité hommes-femmes pour les candidatures est obligatoire.

L'organisation d'un conseil de prud'hommes

- Il existe au moins un conseil de prud'hommes dans le ressort de chaque tribunal judiciaire.
- Chaque conseil est divisé en 5 sections : encadrement, industrie, commerce, agriculture, activités diverses. Chaque section comprend : 1 président, 1 vice-président, 4 conseillers employeurs, 4 conseillers salariés.
- Chaque conseil comprend une formation en référé (procédure urgente) comprenant un conseiller salarié, un conseiller employeur et un secrétariat-greffe.

La procédure prud'homale

Le conseil de prud'hommes n'est pas compétent en matière de conflits collectifs. C'est l'activité principale de l'employeur qui détermine la section compétente (à l'exception des cadres).

- **Compétence territoriale :** soit le conseil du lieu où est située l'entreprise dans lequel travaille le salarié, soit le conseil du domicile du salarié si le travail est effectué en dehors de l'entreprise.
- **Composition de la section :** un bureau de conciliation et d'orientation, un bureau de jugement.
- **Référé prud'homal :** en cas d'urgence, une procédure accélérée est engagée. Les juges du référé peuvent prendre des mesures non contestables (remise du bulletin de salaire...).

Le déroulement de la procédure

Chacune des parties peut se faire assister (pouvoir). La présence d'un avocat n'est pas obligatoire devant cette juridiction.

- Convocation des parties à une audience de conciliation (non publique). Celle-ci aboutit soit à une conciliation (PV), soit au constat d'une non-conciliation (dans ce cas, il y a poursuite de l'action).
- Audience de jugement (publique), rendu du jugement, notification aux parties par le greffe qui fait courir le délai d'appel (1 mois).

FICHE 5

Le travail dissimulé

Appelé aussi « travail illégal », le travail dissimulé est un délit sanctionné par la loi. Il en existe deux formes : la dissimulation d'une activité sans la déclarer à l'autorité administrative et la dissimulation de tout ou partie d'un emploi salarié en se soustrayant aux obligations de déclaration.

Les formes de travail dissimulé

- La **dissimulation d'emploi** salarié consiste à dissimuler un emploi :
  - sans faire de DPAE (déclaration préalable à l'embauche) ;
  - sans remettre de bulletin de salaire ;
  - en déclarant un nombre d'heures de travail inférieur à la réalité ;
  - sans accomplir les déclarations sociales auprès de l'URSSAF.
- La **dissimulation d'activité** consiste à :
  - ne pas déclarer une activité au RCS (registre du commerce et des sociétés) ou au RM (répertoire des métiers) ;
  - exercer une activité sans en avoir rempli les obligations sociales.

Les moyens de contrôle

- Les acteurs du contrôle sont : les inspecteurs du travail, les officiers de police judiciaire, les agents des douanes et des impôts, les agents assermentés de Sécurité sociale ou Mutualité sociale agricole, les agents de France Travail (ex-Pôle emploi).
- Les moyens de contrôle sont : la vérification de documents, les enquêtes, les interrogatoires, les perquisitions, l'échange d'informations.

Les sanctions en cas de travail dissimulé

- L'employeur est sanctionnable par la justice pénale, civile et administrative.

Sanction pénale	3 ans de prison et une amende de 45 000 € (multipliée par 5 pour les personnes morales) La sanction peut être aggravée si le travail dissimulé concerne une personne mineure, vulnérable ou dépendante : 5 ans de prison et 75 000 € d'amende.
Sanctions civiles	▪ Pour le chef d'entreprise : les rémunérations non déclarées sont réintégrées dans les cotisations. ▪ Si le contrat a été rompu, le salarié peut prétendre à une indemnité de 6 mois de salaire (cumulable avec les autres indemnités : licenciement, préavis, congés payés...).
Sanctions administratives	▪ L'employeur est privé des réductions ou de l'exonération de cotisations de Sécurité sociale dont il pouvait bénéficier. ▪ Les aides publiques peuvent lui être refusées pendant 5 ans. ▪ Il peut être exclu des marchés publics pendant 5 ans maximum. Toutes ces sanctions peuvent être cumulées.

- Le salarié est considéré comme une victime par la loi. En revanche, s'il est complice, il peut se voir radié de France Travail et devoir rembourser les prestations perçues.

FICHE 6

La formation professionnelle

La formation professionnelle permet à tous les actifs (salariés, indépendants, chefs d'entreprise, demandeurs d'emploi) de se former tout au long de leur parcours professionnel. Nous évoquerons ici le compte personnel de formation (CPF) et le projet de transition professionnelle (PTP).

Le compte personnel de formation (CPF)

Ouvert pour toute personne à partir de 16 ans (en tant que salarié ou demandeur d'emploi) et dès 15 ans pour les apprentis, ce compte est fermé lorsque les droits à la retraite ont été activés.

Depuis 2019, il est abondé en euros et non plus en heures de formation.

L'alimentation du CPF

- Le CPF est financé par diverses contributions de l'employeur.
- Il est alimenté chaque année dans la limite d'un plafond :
  - pour les salariés ayant travaillé une durée supérieure ou égale à la durée légale ou conventionnelle dans l'année, à hauteur de 500 € avec un plafond de 5 000 € ;
  - pour les autres salariés, à proportion du travail effectué dans l'année.
- Des modalités d'alimentation plus favorables peuvent être prévues par accord collectif.

Les droits acquis

- Le CPF est « portable » tout au long de la vie professionnelle. Les droits sont utilisables sans limitation de durée.
- Il permet de suivre des formations qualifiantes ou certifiantes (enregistrées au RNCP, le répertoire national des certifications professionnelles).

Un bilan de compétences, un permis de conduire ou encore une VAE entrent dans le cadre du CPF.

Les modalités d'utilisation du CPF

Le salarié est seul décideur de l'utilisation de son CPF. On distingue la formation :

- **pendant le temps de travail :** demande à faire à l'employeur 60 jours calendaires avant le début de la formation si celle-ci dure moins de 6 mois ou 120 jours avant si la durée est supérieure à 6 mois ;
- **hors du temps de travail :** l'accord de l'employeur n'est pas nécessaire. Le salarié peut faire valider ou non sa formation auprès d'un organisme tel que l'APEC ou France Travail.

Le projet de transition professionnelle (PTP)

Le PTP est une modalité particulière de mobilisation du CPF. Il permet au salarié de s'absenter de son poste pour suivre une formation destinée à lui permettre de changer de profession ou de métier. Il est validé et financé par une commission paritaire interprofessionnelle régionale (CPIR).

Les conditions d'ancienneté

- Soit au moins 24 mois, consécutifs ou non, dans la même entreprise.
- Soit au moins 24 mois consécutifs au cours des 5 dernières années dont 4 mois, consécutifs ou non, en CDD, au cours des 12 derniers mois.

La demande de congé

Les délais de demande de congé sont identiques à ceux du CPF.

L'employeur dispose de 30 jours pour répondre par écrit. À défaut de réponse, l'autorisation est considérée comme accordée.

Refus : l'employeur peut refuser pour 3 motifs :

- non-respect des règles de la demande ;
- bénéfice d'un précédent congé depuis moins de 10 fois la durée du congé initial (au moins 6 mois, au plus 6 ans) ;
- décision motivée (surcroît d'activité, désaccord sur la formation...).

Report :

- report au maximum de 9 mois si le départ est préjudiciable à la bonne marche de l'entreprise (avis du CSE, le cas échéant) ;
- pas plus de 0,2 % de l'effectif d'au moins 100 salariés et pas plus d'un salarié pour les entreprises de moins de 100 salariés, absents au titre du contrat de transition professionnelle (CTP).

La prise en charge financière

La demande doit être adressée par le salarié à la CPIR, qui examinera la pertinence du projet et priorisera la ou les formations en fonction des perspectives d'emploi à l'issue.

Tous les frais (pédagogiques, transport, repas, hébergement) sont pris en charge par le CPF et complétés par les fonds des CPIR.

La rémunération du salarié

- La rémunération est maintenue pour les formations réalisées sur le temps de travail, sous réserve d'assiduité du salarié.
- Dans les entreprises de plus de 50 salariés, elle est versée par l'employeur ; dans les entreprises de moins de 50 salariés, elle est versée par les CPIR.
- Elle est calculée sur le salaire moyen de référence (SMR) perçu au cours des 12 derniers mois précédant la formation pour un CDI et des 4 derniers mois pour un CDD.

SMR ≤ 2 SMIC	100 % du SMR
SMR > 2 SMIC	▪ Si durée du congé < 1 an ou 1 200 h de formation : 90 % du SMR ▪ Si durée du congé > 1 an ou 1 200 h de formation : 90 % du SMR la première année puis 60 % les années suivantes

FICHE 7

Le recrutement et les formalités d'embauche

Le recrutement

L'employeur est libre de recruter la personne qu'il souhaite : c'est le principe de la liberté d'embauche. Ce principe connaît toutefois des limites.

Les limites à la liberté d'embauche

- **Interdictions :** mineurs de moins de 16 ans, sauf exceptions (apprentissage et travail pendant les vacances scolaires).
- **Obligations d'embauche :** les entreprises d'au moins 20 salariés doivent recruter 6 % de travailleurs handicapés (ou verser une cotisation à l'Agefiph).
- **Priorité d'embauche :** les salariés licenciés économiques bénéficient d'une priorité d'embauche.

Les modalités de recrutement

- Recrutement interne ou externe
- France Travail, cabinets de recrutement, entreprises de travail temporaire

Les méthodes de recrutement

Selon le type de poste proposé, l'employeur peut mettre en œuvre des méthodes variées ; il doit en informer le CSE et, le cas échéant, le candidat lui-même.

- Les méthodes doivent être pertinentes : entretien, questionnaire, tests...
- Les questions posées doivent porter uniquement sur le poste proposé et les aptitudes professionnelles du candidat. Elles ne doivent pas être discriminatoires ou personnelles (croyances religieuses, idées politiques, état de santé...).
- Le candidat doit répondre aux questions de bonne foi ; la loyauté ne s'étend pas aux questions interdites.

L'offre d'emploi

Les règles de rédaction d'une offre d'emploi sont strictes. Plusieurs mentions obligatoires doivent figurer dans une offre (art. L5332-1 à L5332-5 du Code du travail).

Date de mise en ligne	Une offre d'emploi ne doit pas être pourvue au moment de la diffusion de l'annonce.
Nom de l'employeur	Il doit être connu du diffuseur.
Intitulé du poste	Celui-ci ne doit pas être discriminatoire (homme/femme, âge...), sauf exceptions.
Type de contrat et temps de travail	CDD, CDI... Temps complet, temps partiel.
Rédaction en français	Pour un poste en France, l'annonce doit être rédigée en français.
Localisation du poste	Le lieu de travail doit être indiqué avec précision.
Informations réelles et vérifiables	L'offre ne doit pas comporter d'informations fausses ou susceptibles d'induire en erreur le candidat.
Descriptions du poste et du profil du candidat	Elles doivent être les plus précises possible, sans fausses allégations.

Les formalités d'embauche

L'employeur doit accomplir certaines formalités avant et au moment de l'embauche du candidat.

Avant l'embauche

- Une déclaration préalable à l'embauche (DPAE) est envoyée à l'URSSAF par l'employeur, par mode électronique, 8 jours avant l'embauche ou, au plus tard, au moment de l'entrée en fonction du salarié.
- Une visite d'information et de prévention (VIP) doit être effectuée dans les 3 mois à compter de la prise effective du poste. Pour un poste présentant des risques pour la santé et/ou la sécurité du salarié, une visite médicale préalable à l'embauche est obligatoire. Ces visites sont effectuées par les services de santé au travail.
- La déclaration sociale nominative (DSN), effectuée chaque mois, permet de signaler les mouvements de personnel dans l'entreprise aux organismes sociaux (URSSAF...).
- Le registre unique du personnel (RUP) mentionne l'identité des personnes recrutées et des informations sur leur carrière (emploi, qualification...).

Au moment de l'embauche

L'employeur remet au salarié :

- une copie de la DPAE, qui permet au salarié de s'assurer que son embauche a été déclarée auprès des services compétents;
- une notice d'information sur la convention collective applicable dans l'entreprise. La convention doit aussi être consultable sur le lieu de travail (dans le bureau du DRH, par exemple).

Contrairement à une idée reçue, l'employeur n'a pas à remettre au salarié le règlement intérieur. Celui-ci doit simplement être affiché et facilement accessible dans les locaux de l'entreprise.

À NOTER L'embauche peut être précédée de pourparlers, phase d'échange entre les parties avant de conclure un contrat.

Ces pourparlers peuvent déboucher sur une promesse d'embauche, document par lequel l'employeur s'engage à conclure un contrat de travail avec le futur salarié, si celui-ci l'accepte.

FICHE 8

La période d'essai

La période d'essai est définie par le Code du travail depuis 2008 et fait l'objet d'une clause du contrat de travail. Elle permet au salarié de déterminer si le poste qu'il occupe lui convient et à l'employeur d'apprécier les compétences professionnelles du salarié.

Les spécificités de la période d'essai

- La période d'essai ne se présume pas : elle doit être stipulée dans le contrat de travail ou la lettre d'engagement.
- Sa durée dépend du type de contrat : en CDI, selon la catégorie ; en CDD, selon la durée prévue du contrat.
- Son renouvellement (uniquement dans le cas d'un CDI) doit être prévu dans la convention collective et le contrat de travail (le salarié doit donner son accord).

Le régime juridique de la période d'essai

- La période d'essai se décompte de façon calendaire.
- Elle peut être prolongée en raison de certains événements : maladie, accident du travail, congés...

La rupture de la période d'essai

- La rupture est libre ; elle n'a pas à être motivée.
- Un délai de prévenance doit être respecté par chacune des parties.
- Il y a rupture abusive si le motif n'est pas lié aux compétences du salarié, mais fondé sur des raisons personnelles ou économiques.

Tableau récapitulatif des conditions de l'essai

Durée initiale maximale en CDI	▪ 2 mois pour les ouvriers et employés ▪ 3 mois pour les agents de maîtrise et techniciens ▪ 4 mois pour les cadres
Renouvellement en CDI	Un seul renouvellement possible, de la même durée que la période d'essai initiale.
Durée en CDD	Elle est fonction de la durée du contrat : ▪ 1 jour par semaine dans la limite de 2 semaines si le CDD est inférieur ou égal à 6 mois ; ▪ 1 mois si la durée du CDD est supérieure à 6 mois.
Renouvellement en CDD	Il est interdit.
Délai de prévenance de l'employeur	Il dépend de la durée de présence du salarié dans l'entreprise : ▪ 24 h si moins de 8 jours ; ▪ 48 h entre 8 jours et 1 mois ; ▪ 2 semaines entre 1 mois et 3 mois ; ▪ 1 mois si plus de 3 mois.
Délai de prévenance du salarié	Il dépend de sa durée de présence dans l'entreprise : ▪ 24 h si moins de 8 jours ; ▪ 48 h si plus de 8 jours.

FICHE 9

Les clauses particulières du contrat

Certaines clauses particulières peuvent figurer dans un contrat ou un avenant en fonction de la nature du poste. Leurs conditions de validité sont définies par la jurisprudence. Nous aborderons ici les principales clauses : de non-concurrence, de mobilité, de dédit-formation et d'objectifs.

La clause de non-concurrence

- Elle s'applique après la rupture du contrat de travail.
- Elle interdit au salarié d'exercer une activité professionnelle directement concurrente de celle de son employeur.
- Ses conditions de validité sont cumulatives. Cette clause :
  - est applicable uniquement si elle veille à protéger les intérêts légitimes de l'entreprise ;
  - ne doit pas porter atteinte à la liberté du travail ;
  - doit être limitée dans le temps et l'espace ;
  - doit comporter une contrepartie financière versée au salarié.

La clause de mobilité

- Elle permet à un employeur d'imposer à un salarié un changement de lieu de travail préalablement défini.
- Elle doit être mise en œuvre dans l'intérêt légitime de l'entreprise, respecter un délai de prévenance, ne pas être prétexte pour changer un autre élément du contrat.
- Ses conditions de validité sont cumulatives :
  - la zone géographique doit être clairement définie ;
  - cette clause ne doit pas porter atteinte au droit du salarié à une vie personnelle et familiale, ni à ses droits fondamentaux (liberté de choix du domicile).

La clause de dédit-formation

- Elle prévoit le financement par l'employeur d'une formation au salarié, qui s'engage, en contrepartie, à rester dans l'entreprise pendant une durée minimale.
- Ses conditions de validité sont les suivantes :
  - le financement de la formation est exclusivement à la charge de l'employeur et supérieur aux dépenses imposées par la loi ou la convention collective ;
  - la clause doit faire l'objet d'un contrat écrit détaillé avant le début de la formation ;
  - l'employeur met à la charge du salarié un montant proportionné aux frais de formation ;
  - la clause n'empêche pas le salarié de démissionner ;
  - elle ne doit pas présenter de durée excessive.

La clause d'objectifs (ou clause de résultat)

- Elle permet à l'employeur de définir les résultats attendus du salarié. Ils doivent être chiffrés et obtenus dans une période donnée.
- Ses conditions de validité sont les suivantes :
  - les objectifs doivent être réalistes et réalisables ;
  - ils doivent tenir compte de la situation économique du secteur d'intervention du salarié.

FICHE 10

Le contrat à durée indéterminée

Le CDI est la forme générale et normale de la relation de travail entre un employeur et un salarié. Il est appelé « contrat de travail de droit commun », c'est-à-dire qu'il doit être conclu en priorité, sauf si l'entreprise peut justifier de recourir à un autre type de contrat de travail.

Il est conclu sans limitation de durée. Les parties peuvent y mettre fin de façon unilatérale ou bilatérale, selon les lois et conventions en vigueur. Il existe deux autres CDI : le CDI de chantier et le CDI intermittent (CDII ou CD2I).

La forme et le contenu du CDI

- Le **CDI temps plein** peut être non écrit en droit français ; le droit européen impose un document écrit reprenant les différents éléments d'un contrat (fonction, rémunération, lieu de travail, durée, préavis...).
- Le CDI peut contenir différentes clauses, notamment une période d'essai qui varie de 2 à 4 mois selon la catégorie de poste **(cf. FICHE 8)**.

La requalification en CDI

- Un CDI temps partiel ne faisant pas l'objet d'un écrit peut être requalifié en CDI temps plein.
- De même que pour un CDD, cette requalification est motivée :
  - si le CDI temps partiel est utilisé en dehors des cas de recours ;
  - s'il ne fait pas l'objet d'un écrit ou s'il comporte une erreur de forme ;
  - si une mauvaise application des durées et renouvellements en est faite.

Le CDI de chantier (ou d'opération)

Il permet à un employeur de recruter un salarié pour réaliser un ouvrage ou des travaux sur une durée indéterminable à l'avance.

- **Secteurs et entreprises concernés :** le BTP et la construction navale, et les entreprises ayant un accord de branche étendu autorisant ce CDI.
- **Durée :** elle est liée au chantier, avec possibilité de dépassement.
- **Rupture :** elle intervient lorsque le chantier est terminé, sous forme d'un licenciement pour motif personnel (indemnités complètes). Le salarié a une priorité de réembauche si la convention le prévoit.

Le CDI intermittent

Le CDII permet au salarié d'alterner des périodes travaillées et non travaillées. Il concerne principalement les secteurs de la formation, du tourisme et des spectacles. Deux conditions sont nécessaires pour sa mise en place :

- il doit être prévu par accord collectif étendu, accord d'entreprise ou d'établissement ;
- l'emploi concerné doit comporter une alternance de périodes travaillées et de périodes non travaillées.

La durée annuelle de travail prévue au contrat peut être dépassée dans la limite du tiers de celle-ci (avec l'accord du salarié).

FICHE 11

Le contrat à durée déterminée

Un CDD ne peut avoir pour objet de pourvoir un poste durable et permanent dans l'entreprise. Son recours est possible uniquement pour une tâche précise et temporaire, et dans les cas suivants.

Les cas de recours au CDD

- **Accroissement temporaire d'activité :** augmentation temporaire de l'activité, commande à l'exportation, tâche occasionnelle, travaux urgents.
- **Remplacement d'un salarié :** absence, suspension du contrat, départ définitif, attente d'un salarié recruté en CDI.
- **Remplacement d'un dirigeant d'entreprise** industrielle, commerciale, artisanale ou agricole.
- **Autres cas :** recrutement d'un ingénieur ou d'un cadre pour un objet défini, contrats aidés (apprentissage, personnes sans emploi, sportifs...).

La durée du CDD

La durée maximale (cas général) est de 18 mois. Dans certains cas, elle varie de 9 à 24 mois. Le CDD doit en principe être conclu à terme précis (de date à date), c'est-à-dire avec une date de début et une date de fin. Mais il peut être conclu à terme imprécis.

- **À terme précis :** la durée maximale est prévue par la convention ou, à défaut, par le Code du travail. Le CDD est renouvelable 2 fois maximum sans dépasser la durée maximale.
- **À terme imprécis :** le CDD prend fin quand l'objet pour lequel il a été conclu (la tâche) prend fin ou au retour de la personne remplacée. Il n'est pas soumis à une durée maximale, mais doit cependant comporter une durée minimale. Il ne peut pas être renouvelé.
  Si le contrat de travail continue après le terme, il se transforme automatiquement en CDI.

Tableau récapitulatif des durées de CDD :

service-public.fr
liennathan.fr/85rdw9

Les successions de CDD

- Un CDD peut être renouvelé par avenant au contrat sous certaines conditions, notamment que ce renouvellement soit prévu dans le contrat initial.
- Lorsqu'un CDD prend fin, il n'est pas possible de recourir à un nouveau CDD sur le même poste avec le même salarié avant un délai minimal appelé « délai de carence ». Ce délai ne s'applique pas dans le cas du remplacement d'un salarié temporairement absent, ni dans le cadre d'une suspension du contrat de travail.

La fin du CDD

Le CDD peut prendre fin :
- pendant la période d'essai ;
- quand il est arrivé à son terme ;
- d'un commun accord ;
- en cas de faute grave ou lourde ;
- en cas de force majeure ;
- si le salarié est embauché en CDI ;
- en cas d'inaptitude médicalement constatée.

Les indemnités et documents de fin de contrat

Cas de l'indemnité non due	▪ Embauche en CDI, refus de CDI ▪ Faute grave ou lourde ▪ Force majeure ▪ CDD d'usage, contrat aidé ▪ Contrat saisonnier ▪ Contrat vacances scolaires
Montant de l'indemnité	En principe, l'indemnité de fin de contrat représente 10 % de la rémunération brute versée pendant la durée du contrat. Une convention peut réduire l'indemnité à 6 % avec un accès à la formation en contrepartie.
Versement	L'indemnité est versée à la fin du contrat. Elle figure sur la fiche de paie. En cas de renouvellement, elle est versée à la fin du contrat renouvelé.
Documents de fin de contrat	L'employeur doit remettre au salarié : ▪ un certificat de travail ; ▪ une attestation Pôle emploi ; ▪ un reçu pour solde de tout compte ; ▪ une prime de participation, une prime d'intéressement, l'état récapitulatif de son épargne salariale, le cas échéant.
Indemnité de rupture anticipée de l'employeur	En cas de rupture anticipée du CDD, le salarié a droit à des dommages et intérêts au moins équivalents aux sommes qu'il aurait perçues jusqu'à la fin du contrat.
Indemnité de rupture anticipée du salarié	Si le salarié rompt le contrat avant son terme, il doit verser à l'employeur des dommages et intérêts correspondant au préjudice subi.

Le salarié percevra ses indemnités de congés payés, le cas échéant. Il pourra bénéficier des allocations chômage s'il remplit les conditions exigées par France Travail.

FICHE 12

Le contrat de travail temporaire

Le contrat de travail temporaire (CTT) permet à une entreprise de travail temporaire (agence d'intérim) de conclure un contrat avec un salarié (intérimaire) puis de mettre celui-ci à disposition d'une entreprise utilisatrice pour une durée limitée.

L'intérimaire exécute des missions successives; chacune d'elles donne lieu à un contrat commercial de mise à disposition entre l'entreprise de travail temporaire (ETT) et l'entreprise utilisatrice. L'ETT et le salarié sont liés par un contrat de mission. Il s'agit donc d'une relation triangulaire entre les trois parties.

Les cas de recours au CTT

- Ils sont identiques à ceux du CDD (cf. FICHE 11).
- Un CTT ne peut être conclu que pour une tâche précise et temporaire, dénommée « mission ».
- Il ne peut avoir pour objet de pourvoir un poste durable dans l'entreprise.

La durée du contrat et ses particularités

- Le CTT comporte en principe un terme précis; il peut être renouvelé 2 fois.
- En cas de terme précis, le contrat peut être avancé ou reporté d'un jour pour 5 jours de travail sans que cela réduise le contrat de plus de 10 jours.
- Pour les missions inférieures ou égales à 10 jours, le terme peut être avancé ou reporté de 2 jours.
- En cas de terme imprécis, il doit comporter une durée minimum.
- En cas de rupture anticipée par l'ETT, celle-ci doit proposer un nouveau contrat dans les 3 jours.

La situation de l'intérimaire

- Au sein de l'ETT
  - L'intérimaire doit passer une visite d'information et de prévention.
  - En cas d'élections professionnelles, l'intérimaire éligible ou électeur doit avoir plus de 6 mois d'ancienneté.
  - En matière de protection sociale, une indemnisation complémentaire vient compléter celle de la Sécurité sociale en cas d'arrêt de travail.
- Au sein de l'entreprise utilisatrice
  - Le salarié intérimaire a accès aux moyens de transport et installations collectives.
  - Il doit recevoir une formation à la sécurité.
  - L'entreprise utilisatrice est responsable des conditions d'exécution du travail.

La fin de mission

Le salarié a droit à :

- une indemnité de congés payés (1/10e de la rémunération totale);
- une indemnité de précarité d'emploi (10 % de la rémunération brute totale), qui ne sera pas due si un CDI est conclu avec l'entreprise utilisatrice.

FICHE 13

Les contrats d'alternance

Les contrats de formation en alternance permettent à des salariés d'acquérir une formation professionnelle qualifiante en lien avec l'entreprise. Il existe deux types de contrats qui alternent phase pratique et phase théorique : le contrat de professionnalisation et le contrat d'apprentissage.

Le contrat de professionnalisation

- Il s'adresse aux jeunes entre 16 et 25 ans révolus, aux demandeurs d'emploi âgés de 26 ans et plus ainsi qu'aux bénéficiaires du revenu de solidarité active, de l'allocation spécifique de solidarité, de l'allocation adulte handicapé ou d'un contrat unique d'insertion.
- Il est conclu en CDD ou CDI pour favoriser l'insertion professionnelle.
- La durée de la période de professionnalisation varie entre 6 et 12 mois (36 mois dans certains cas).

Le contrat d'apprentissage

- Il s'adresse aux jeunes entre 16 et 29 ans révolus, et permet d'obtenir un diplôme du CAP au bac + 5.
- Il est conclu en CDD ou CDI.
- La durée de la période d'apprentissage varie entre 6 mois et 3 ans.

Des caractéristiques similaires

Dans les deux types de contrats, l'employeur s'engage à former le titulaire du contrat et le salarié s'engage à travailler et à suivre la formation théorique.

- **Formalisme :** ces contrats sont établis sur formulaires Cerfa et transmis à un opérateur de compétences (OPCO).
- **Rémunération minimale :** fixée par le Code du travail, elle correspond à un certain pourcentage du SMIC.
- **Quota d'alternants :** les entreprises doivent avoir un certain pourcentage de leurs effectifs en alternance.

Les avantages et les aides

Ils diffèrent entre les deux types de contrats.

Financement	▪ Pour les deux types de contrats : le financement est pris en charge par l'OPCO de l'entreprise. ▪ Pour l'apprenti : les frais de formation du maître d'apprentissage sont financés par la formation professionnelle continue.
Réduction de cotisations	▪ Dans les deux types de contrats, une réduction générale de cotisations sociales s'applique.
Aides à l'embauche	▪ Contrat d'apprentissage : une aide unique est versée aux entreprises de moins de 250 salariés (pour les apprentis préparant un diplôme de niveau inférieur ou égal au bac). ▪ Contrat de professionnalisation : une aide de 2 000 € est versée aux entreprises qui recrutent des demandeurs d'emploi. Une aide exceptionnelle est versée pour tout salarié âgé de moins de 30 ans.

Il existe un régime particulier pour les personnes éloignées de l'emploi (durée plus longue et forfaits spécifiques de prise en charge).

FICHE 14

Les contrats spéciaux

Il existe des contrats à durée déterminée (CDD) spéciaux, parmi lesquels : le contrat saisonnier, le contrat vendanges, le CDD senior, le CDD d'usage, le CDD à objet défini et le contrat unique d'insertion.

Ces contrats ont des particularités en termes de durée, de public ou d'employeurs concernés. Ils doivent tous être écrits.

Le contrat saisonnier

- Il s'applique pour l'exécution de tâches amenées à se répéter chaque année à la même période en fonction du rythme des saisons (récolte...) ou des modes de vie (tourisme...).
- Il peut être conclu à terme précis ou imprécis **(cf. FICHE 11)**.
- Plusieurs CDD peuvent se succéder à certaines conditions et comporter une clause de reconduction.

Le contrat vendanges

- Il permet de recruter un salarié pour les préparatifs et la réalisation des vendanges.
- C'est le seul contrat qui peut être conclu pendant les congés d'un salarié.
- D'une durée d'un mois, plusieurs contrats peuvent se succéder.
- L'indemnité de fin de contrat n'est pas due au terme du contrat.

Le CDD senior

Il peut favoriser le retour à l'emploi d'un senior et lui permettre d'acquérir des droits supplémentaires pour bénéficier d'une retraite à taux plein.

- **Employeurs :** tous les employeurs, sauf ceux du secteur agricole, peuvent signer un CDD senior.
- **Salariés :** personnes âgées de plus de 57 ans en recherche d'emploi depuis plus de 3 mois ou bénéficiaires d'un contrat de sécurisation professionnelle (CSP).
- **Durée :** 18 mois, renouvelable une fois dans la limite de 36 mois.

Le CDD d'usage (CDDU)

- Il est conclu :
  - pour pourvoir des emplois dont il est d'usage de ne pas recourir au CDI ;
  - dans des secteurs d'activité définis par décret ou conventions ou accords collectifs étendus.
- Les secteurs concernés sont variés : réparation navale, hôtellerie-restauration, sports, spectacles, enseignement... Cette liste est non exhaustive.

Durée	En principe, le contrat comporte un terme précis. Sa durée peut être fixée par convention ou accord de branche. La durée maximale de 18 mois ne s'applique pas ici.
Succession de contrats	Des CDD peuvent se succéder sans délai de carence, à condition que ce recours soit motivé par des raisons objectives.
Indemnité de fin de contrat	Elle n'est pas obligatoire dans ce type de contrat. Les conventions peuvent prévoir une disposition plus favorable.

Le CDD à objet défini (ou CDD de mission)

Réservé au recrutement d'ingénieurs et de cadres, il est régi par les dispositions du CDD, sauf certaines dispositions particulières.

- **Conditions :** le contrat doit être conclu en vue de la réalisation d'un objet défini et nécessite un accord de branche étendu ou un accord d'entreprise.
- **Durée :** elle doit être de 18 à 36 mois, sans renouvellement possible.
- **Indemnité de fin de contrat :** elle est égale à 10 % de la rémunération totale brute perçue.

Le contrat unique d'insertion (CUI) – Parcours emploi compétences (PEC)

Il comporte deux catégories : le contrat d'accompagnement dans l'emploi (CUI-CAE) dans le secteur non marchand (public) et le contrat initiative emploi (CUI-CIE) dans le secteur marchand (privé). Ce type de contrat a pour but de faciliter l'insertion de personnes rencontrant des difficultés sociales et professionnelles.

Ces contrats, inscrits dans le dispositif Parcours emploi compétences, sont depuis 2018 réservés aux personnes les plus éloignées de l'emploi (quartiers prioritaires, notamment ; plan « 1 jeune, 1 solution ».)

- **Bénéficiaires :** les jeunes en difficulté, titulaires du RSA, de l'ASS ou de l'AAH.
- **Durée :** de 6 mois à 24 mois, voire 5 ans dans certains cas.
- **Temps de travail :** la durée de 24 heures hebdomadaire minimum ne s'applique pas ici, mais la durée ne peut être inférieure à 20 heures.
- **Formation :** les titulaires de ce contrat peuvent bénéficier d'actions de formation en milieu professionnel auprès d'un autre employeur (1 mois maximum).
- **Aides à l'employeur :** elles correspondent à un certain pourcentage du SMIC selon le contrat (CUI-CAE ou CUI-CIE). Fixé par le préfet de région, ce taux varie entre 30 et 60 %.

La plupart de ces contrats bénéficient d'aides de l'État.

Selon l'Insee, « un **contrat aidé** est un contrat de travail dérogatoire au droit commun, pour lequel l'employeur bénéficie d'aides, qui peuvent prendre la forme de subventions à l'embauche, d'exonérations de certaines cotisations sociales ou d'aides à la formation ».

FICHE 15

La modification du contrat de travail

L'employeur peut, pour diverses raisons, souhaiter modifier les conditions d'emploi du salarié. Les règles diffèrent selon qu'il s'agit d'une modification d'un élément essentiel du contrat ou d'un simple changement des conditions de travail relevant du pouvoir de direction de l'employeur.

Les éléments essentiels du contrat de travail

- **La rémunération :** ou son mode de calcul, même si celui-ci est plus avantageux pour le salarié.
- **La durée du travail :** elle peut être augmentée ou réduite.
- **Le changement d'horaire :** passage d'un horaire fixe à un horaire variable, décalé, d'un horaire continu à un horaire discontinu, d'un horaire de jour à un horaire de nuit...
- **La mutation :** hors clause de mobilité.
- **La qualification :** modification de celle-ci ou de la nature des fonctions.
- **Nouvelles clauses :** de mobilité, d'exclusivité... ou modification de clauses.

L'acceptation de la modification par le salarié

- Le consentement exprès du salarié est obligatoire (avenant au contrat).
- Après avoir été informé par son employeur, le salarié dispose d'une période de réflexion d'un mois (15 jours si l'entreprise est en liquidation ou en redressement judiciaire).
- Le fait de poursuivre le contrat aux nouvelles conditions ne suffit pas à établir l'accord du salarié.

Le refus de la modification par le salarié

- En refusant la modification, le salarié ne commet pas de faute. L'employeur peut alors soit renoncer à la modification, soit licencier le salarié pour le motif l'ayant contraint à proposer la modification.
- Si l'employeur impose malgré tout le changement, le salarié peut exiger la poursuite de son contrat aux conditions antérieures, demander sa résiliation judiciaire ou prendre acte de la rupture aux torts de l'employeur.

Le changement des conditions de travail

Le simple changement des conditions de travail relève du pouvoir de direction de l'employeur et s'impose au salarié. Il peut concerner une nouvelle répartition des heures de travail, un changement de lieu de travail dans le même secteur géographique, la réalisation d'une tâche différente mais dans la qualification du salarié...

Le salarié ne peut en principe s'y opposer si la décision de l'employeur respecte le principe de bonne foi ; son refus est alors constitutif d'une faute qui peut être sanctionnée par un licenciement. À l'inverse, il est en droit de refuser le changement s'il est envisagé pour lui nuire ou fondé sur un motif discriminatoire ou portant atteinte au respect de la vie familiale et personnelle.

FICHE 16

La durée du travail

La durée du travail correspond à la quantité de temps travaillé.

Elle se réfère à la durée légale, mais aussi aux durées maximales quotidienne et hebdomadaire. La primauté de l'accord d'entreprise devient le principe de droit commun en matière de durée du travail, à l'exception des règles d'ordre public telles que, pour les jeunes travailleurs, les dispositions s'appliquant aux temps de repos et à la durée du travail.

Certaines entreprises connaissant des fluctuations d'activité peuvent aménager le temps de travail.

Le temps de travail effectif

C'est le temps pendant lequel le salarié est à la disposition de l'employeur et ne peut vaquer à ses occupations personnelles.

- **Temps de restauration et de pause :** en principe, ils ne sont pas considérés comme du temps de travail effectif. Une convention peut prévoir leur rémunération.
- **Temps d'habillage et de déshabillage :** ils ne constituent pas des temps de travail effectif, sauf si une tenue est imposée et revêtue dans l'entreprise. Une contrepartie financière ou en repos est alors versée.
- **Temps de déplacement professionnel :** ce n'est pas un temps de travail effectif, sauf s'il dépasse le temps de trajet habituel entre le domicile et le lieu de travail. Le trajet entre deux lieux de travail est considéré comme du temps de travail effectif.

La durée légale

- Elle est fixée à 35 heures hebdomadaires.
- Elle est le seuil de déclenchement des heures supplémentaires.
- Dans les entreprises ayant un accord collectif prévoyant un aménagement annuel, cette durée correspond à 1607 heures annuelles.

Les heures supplémentaires

Ce sont les heures effectuées au-delà de la durée légale ou conventionnelle du travail. Elles donnent droit à une majoration de salaire ou à un repos compensateur équivalent, à condition de respecter le contingent annuel.

Au-delà de ce contingent, elles ouvrent droit à un repos obligatoire.

- **Huit premières heures :** 25 % de majoration de salaire.
- **Heures suivantes :** 50 % de majoration de salaire.
- **En cas de convention ou d'accord :** le taux de majoration ne peut être inférieur à 10 %.

Les heures d'équivalence

Il s'agit d'un mode de détermination du temps de travail effectif pour des professions qui comportent des périodes d'inaction (exemple : la restauration).

Une convention ou un accord de branche étendu en fixe les règles.

Les durées maximales de travail

Elles sont fixées par le Code du travail. L'employeur peut, dans certains cas, y déroger sur autorisation de l'inspecteur du travail.

Durée quotidienne	▪ 10 heures maximum, sauf urgence sur la responsabilité de l'employeur, avec demande de régularisation auprès de l'inspecteur du travail. ▪ En cas d'accord collectif : 12 heures maximum. ▪ Travail de nuit : 8 heures maximum.
Durée hebdomadaire	▪ 48 heures maximum par semaine. ▪ Exceptionnellement : 60 heures. ▪ 44 heures maximum sur 12 semaines consécutives. ▪ En cas d'accord collectif : 46 heures maximum.

Le contrôle et la preuve de la durée du travail

- **En cas d'horaire collectif :** tous les salariés commencent et terminent le travail au même moment. L'horaire est affiché dans les locaux de l'entreprise.
- **En l'absence d'horaire collectif :** si les salariés ne travaillent pas aux mêmes horaires, la durée du travail est décomptée selon les deux modalités suivantes :
  - au quotidien : par tous moyens d'enregistrement (pointeuse...) ;
  - chaque semaine : par récapitulation du nombre d'heures effectuées par salarié.

L'employeur a l'obligation de contrôler la durée du travail, mais aucune forme ne lui est imposée.

La preuve des heures travaillées

Les heures de travail donnent souvent lieu à des contentieux devant les conseils de prud'hommes.

Dans ce cas, le salarié doit fournir des éléments à l'appui de sa réclamation et l'employeur produire les justificatifs des heures effectuées par le salarié.

Le juge forme sa conviction en tenant compte de l'ensemble de ces éléments.

Les heures complémentaires

Le contrat de travail à temps partiel fixe une durée de travail inférieure à la durée légale ou conventionnelle du travail. Les heures effectuées au-delà de cette durée sont des heures complémentaires.

- Ces heures ne doivent pas avoir pour effet de porter la durée du travail au niveau de l'horaire légal.
- Elles ne doivent pas dépasser 1/10e de la durée hebdomadaire ou 1/3 si une convention le prévoit.
- Elles sont majorées de 10 % dans la limite du 1/10e et de 25 % dans la limite du 1/3.

FICHE 17

La suspension du contrat

La suspension du contrat de travail est une situation dans laquelle les deux conditions essentielles du contrat cessent : la prestation de travail par le salarié et la rémunération par l'employeur.

Il existe de nombreux cas de suspension : maternité, adoption, accident, maladie, grève... Le contrat de travail est également suspendu pendant les congés payés (le salarié est dispensé d'exécuter sa prestation de travail, mais l'obligation de rémunération est maintenue pour l'employeur).

Nous aborderons deux cas de suspension du contrat : la maladie et la maternité.

La maladie

Le salarié a des obligations vis-à-vis de son employeur. Il doit :

- l'informer dans les plus brefs délais de son absence ;
- lui adresser un certificat médical dans les 48 heures, sauf convention contraire ;
- s'abstenir de toute activité ;
- reprendre le travail à la date prévue, sauf prolongation ;
- passer une visite médicale de reprise en cas de maladie professionnelle ou s'il a été absent au moins 30 jours en cas de maladie non professionnelle.

La maladie et le contrat de travail

- Aucun salarié ne peut être sanctionné ou licencié en raison de son état de santé, sauf inaptitude médicalement constatée.
- Dans le cas d'absences longues et/ou répétées, l'employeur peut licencier le salarié au motif que cela perturbe le fonctionnement de l'entreprise. Il devra remplacer le salarié en embauchant.
- De nombreuses conventions protègent le salarié en posant un délai de 6 mois d'absence.

Les droits du salarié en congé maladie

S'il justifie de ses droits, le salarié bénéficie de prestations en nature et en espèces.

- **Prestations en nature :** remboursement des frais médicaux et des honoraires des praticiens, sous réserve du ticket modérateur (part restant à la charge de l'assuré, pouvant être prise en charge par une mutuelle).
- **Prestations en espèces :** perception d'indemnités journalières de Sécurité sociale (IJSS) ou de la MSA. Elles compensent la perte de revenu liée à l'arrêt de travail et sont versées après un délai de carence de 3 jours.
- **Indemnité complémentaire :** elle est versée par l'employeur à partir du 8e jour d'arrêt de travail, sauf convention collective plus favorable.

La maternité

La salariée peut bénéficier d'un congé maternité, qui varie en fonction du nombre d'enfants qu'elle a eus avant la naissance. Tous les salariés peuvent aussi bénéficier d'autres congés liés à l'arrivée d'un enfant.

Les congés détaillés ici sont ceux prévus par le Code du travail ; des dispositions plus favorables peuvent être prévues par les conventions collectives.

Congé maternité ou adoption	▪ De 0 à 1 enfant avant la naissance : 16 semaines au total de congé pré et postnatal ▪ 2 enfants et plus avant la naissance : 26 semaines au total de congé pré et postnatal ▪ Adoption : de 16 à 22 semaines
Congé parental	Durée maximale initiale du congé : 1 an, pouvant être prolongé deux fois jusqu'aux 3 ans de l'enfant (les conditions diffèrent en cas de naissances multiples) Suspension du contrat sans rémunération
Congé de paternité et d'accueil	Durée : 25 jours calendaires en cas de naissance d'un enfant, 32 jours calendaires en cas de naissances multiples Suspension du contrat avec IJSS
Congé de naissance	Durée : 3 jours ouvrables

Les obligations de la salariée liées à la maternité

- La salariée doit avertir son employeur par écrit (LRAR) ou oral des dates présumées de début et de fin de son congé maternité.
- Une déclaration de grossesse doit être envoyée à la CPAM ou CAF dans les 14 semaines de grossesse. La salariée doit se soumettre à des examens médicaux obligatoires (7 au total).
- La salariée a le choix de répartir ses semaines de congé avant et après l'accouchement.
- Elle doit passer une visite de reprise à l'issue de son congé.

Les obligations de l'employeur

- L'employeur ne peut refuser le congé à la salariée.
- Il ne peut employer la salariée pendant une période de 8 semaines au total avant et après l'accouchement.
- Il est interdit à la salariée de travailler dans les 6 semaines qui suivent l'accouchement.
- L'employeur a l'interdiction de licencier une salariée usant ou non de son droit à congé, ceci pendant :
  - l'intégralité du congé ;
  - les congés payés pris à l'issue du congé ;
  - les 10 semaines suivant l'expiration des deux périodes précédemment citées.

La loi protège les femmes contre toute forme de discrimination liée à la grossesse.

FICHE 18

La santé et sécurité au travail

La santé et sécurité au travail fait partie des obligations de l'employeur. Nous aborderons ici les visites médicales, le droit d'alerte et le droit de retrait, les notions d'inaptitude, d'incapacité et d'invalidité.

Les visites médicales

- **Visite d'information et de prévention :** cette visite d'embauche est réalisée par le médecin du travail ou un professionnel de santé. Elle est renouvelée dans un délai maximum de 5 ans.
- **Suivis adaptés :** ils concernent les travailleurs de nuit, les jeunes de moins de 18 ans, les travailleurs handicapés, les femmes enceintes, ayant accouché ou allaitantes. La périodicité est fixée par le médecin du travail et ne peut excéder 3 ans.
- **Suivi renforcé :** il s'applique aux salariés exposés à des risques particuliers (amiante, plomb, risques biologiques...). Ces salariés doivent passer une visite d'aptitude et une visite intermédiaire dans les 2 ans maximum.
- **Visite de reprise :** elle est obligatoire en cas d'absence d'au moins 30 jours pour accident du travail, d'au moins 60 jours pour maladie ou accident non professionnel, maladie professionnelle ou maternité.

Le droit d'alerte

Le salarié doit immédiatement signaler à son employeur toute situation dont il a une raison de penser qu'elle présente un danger grave et imminent pour sa vie ou sa santé.

- Le danger doit être susceptible d'entraîner un accident, une maladie ou le décès dans un délai proche.
- Le salarié peut se trouver lui-même dans un état de santé l'exposant à un danger.
- Le danger n'a pas à être prouvé : il suffit que le salarié ait pu raisonnablement croire à celui-ci.
- Le salarié peut exercer son droit de retrait.

Le droit de retrait

Tout salarié peut se retirer d'une situation de travail qu'il estime dangereuse. Le droit de retrait peut concerner un ou plusieurs salariés. Il est facultatif.

- **Obligations du salarié**
  - Il doit avertir l'employeur ou son représentant, ainsi que les IRP.
  - Il ne doit pas créer une situation dangereuse pour autrui en exerçant son droit de retrait.
- **Conséquences**

L'exercice du droit de retrait ne peut être sanctionné par une sanction ou une retenue sur salaire. Le salarié n'est pas tenu de reprendre le travail tant que le danger persiste.

En cas de litige sur la gravité du danger, seul le juge est compétent pour l'apprécier.

Les notions d'inaptitude, d'incapacité et d'invalidité

Ces notions entraînent des conséquences différentes pour le salarié et l'employeur. Il faut distinguer l'incapacité temporaire de l'incapacité permanente.

Incapacité temporaire	**Définition**	Incapacité du salarié à travailler en raison d'un accident, d'une maladie professionnelle ou non, justifiant la prescription d'un arrêt de travail par un médecin.
	Conséquences	▪ Pour le salarié : suspension du contrat, perception d'indemnités journalières et d'un complément de salaire par l'employeur. ▪ Pour l'employeur : versement d'un complément de salaire sous conditions, organisation d'une visite de reprise pour une absence de 30 ou 60 jours (selon les cas).
Incapacité permanente	**Définition**	Réduction définitive de la capacité de travail d'un salarié constatée par la Sécurité sociale suite à un accident du travail ou une maladie professionnelle.
	Conséquences	▪ Pour le salarié : fixation d'un taux d'incapacité (si inférieur à 10 %, indemnité forfaitaire ; si supérieur à 10 %, rente viagère). En cas de faute intentionnelle ou inexcusable de l'employeur, réparation du préjudice. ▪ Pour l'employeur : en cas de faute intentionnelle ou inexcusable, remboursement des IJSS.
Invalidité	**Définition**	Réduction de la capacité de travail du salarié suite à une maladie ou un accident non professionnel, ou en raison de l'usure prématurée de l'organisme.
	Conséquences	▪ Pour le salarié : classement en catégorie 1, 2 ou 3 en fonction de l'invalidité, perception d'une rente calculée selon le taux d'invalidité. ▪ Pour l'employeur : organisation d'une visite de reprise pour une absence d'au moins 60 jours.
Inaptitude	**Définition**	Incapacité du salarié à occuper son poste de travail même aménagé ou transformé, son état de santé justifiant un changement de poste.
	Conséquences	▪ Pour le salarié : reclassement dans l'entreprise ou rupture du contrat de travail, reprise de la perception du salaire un mois après la constatation de l'inaptitude à défaut de reclassement ou de rupture. ▪ Pour l'employeur : en cas de dispense du reclassement par le médecin du travail, rupture du contrat (CDD ou CDI) avec versement d'indemnités. En cas d'obligation de reclassement, consultation du CSE et recherche d'emploi conforme aux préconisations du médecin du travail. Si le reclassement est impossible, le contrat peut être rompu. Versement du salaire un mois après la constatation de l'inaptitude à défaut de reclassement ou de rupture.

La Sécurité sociale classe les invalides en 3 catégories :
- invalides incapables d'exercer une activité rémunérée ;
- invalides absolument incapables d'exercer une profession quelconque ;
- invalides absolument incapables d'exercer une profession et se trouvant dans l'obligation de recourir à une tierce personne pour effectuer les actes ordinaires de la vie courante.

FICHE 19

La rémunération

La rémunération est constituée de l'ensemble des avantages de toute nature que perçoit le salarié à l'occasion de son contrat de travail. Le **salaire** est la contrepartie de la prestation de travail.

Les éléments constitutifs du salaire

- **Salaire de base :** il est exprimé en salaire brut et sert de référence au calcul des primes.
- **Primes et gratifications :** elles sont obligatoires lorsqu'elles résultent d'un accord collectif (primes de pénibilité, de déplacement, d'objectif, de naissance, de mariage...).
- **Avantages en nature :** il s'agit de la mise à disposition d'un véhicule, d'un téléphone, d'un ordinateur, de titres-restaurants...
- **Pourboires :** ce sont les sommes versées par la clientèle pour le service. Ils s'ajoutent en principe au salaire de base.
- **Frais professionnels :** ils représentent les dépenses engagées par le salarié pour remplir sa mission. Ils sont remboursés soit sur la base des dépenses réellement effectuées, soit de manière forfaitaire.

La fixation du salaire

- Les parties sont libres de déterminer son montant, à condition de respecter le SMIC ainsi que le salaire minimum défini par les conventions collectives.
- Un certain nombre de principes doivent être respectés : l'égalité de rémunération entre les salariés (« à travail égal, salaire égal ») et celle entre les hommes et les femmes.

Le paiement du salaire

Le principe est celui de la mensualisation. Dans certains cas, d'autres types de rémunération, tels que le salaire au rendement ou à l'heure, sont en vigueur.

- **Régularité :** une fois par mois, au même intervalle.
- **Majoration :** en cas d'heures supplémentaires.
- **Bulletin de paie :** il doit être remis au salarié par voie électronique ou papier. Il est conforme à un modèle défini par arrêté.

Les avances et acomptes sur salaire

Un salarié peut demander à son employeur de lui verser à l'avance une somme sur un travail déjà effectué (acompte) ou à venir (avance).

Acompte sur salaire	Il s'agit d'une part du salaire mensuel versé par anticipation. Le montant est celui acquis à la date de la demande (ex. : le 15 du mois pour un acompte de la moitié du salaire).
Avance sur salaire	Il s'agit d'un prêt d'argent sur un travail non encore effectué. L'employeur n'est pas tenu de l'accorder. Dans le cas où l'avance est versée, l'employeur ne pourra se rembourser qu'à hauteur du 1/10e du montant des salaires exigibles.

FICHE 20
La grève

La grève est un droit constitutionnel qui consiste à cesser le travail de façon collective et concertée afin d'appuyer des revendications dont l'employeur a eu connaissance. Elle entraîne la suspension du contrat de travail.

Les critères jurisprudentiels

- **Cessation complète du travail :** de quelques minutes à plusieurs mois.
- **Cessation collective et concertée :** en principe, il faut au moins deux salariés pour qu'il y ait grève (sauf si l'entreprise n'en emploie qu'un seul).
- **Revendications :** elles doivent être de nature professionnelle ; l'employeur doit en être informé.
- **Liberté du travail :** les grévistes ne doivent pas empêcher les non-grévistes de travailler.

Les conséquences sur le contrat de travail

- La grève entraîne la **suspension du contrat de travail** :
  - le gréviste ne perçoit pas de rémunération. La retenue sur salaire doit être proportionnelle à la durée de la cessation du travail.
  - Le pouvoir disciplinaire de l'employeur ne peut s'exercer. Il ne peut sanctionner une faute simple ou grave pendant la grève. Seule la faute lourde peut être sanctionnée : il doit s'agir d'une faute personnelle, intentionnelle ou en cas de violence ou entrave à la liberté du travail.
- L'employeur peut demander à des non-grévistes d'occuper les postes des grévistes. Il a interdiction de recruter en CDD ou CTT pour remplacer les grévistes. Il peut, en revanche, embaucher en CDI.

L'abus du droit de grève

Les salariés grévistes peuvent être sanctionnés dans le cas où le conflit dégénère. L'employeur devra alors démontrer que les grévistes veulent désorganiser l'entreprise.

Le « lock out »

Définition	C'est une riposte de l'employeur à la grève, qui consiste à fermer temporairement l'entreprise ou à en interdire l'accès. Il peut être préventif ou *a posteriori*.
Conséquence	Il entraîne l'arrêt de travail des non-grévistes, ce qui est contraire à la liberté de travail.
Solution judiciaire	L'employeur peut demander au juge l'autorisation de fermer l'entreprise en cas de danger, pour des raisons d'ordre public ou dans le cas où la grève bloque l'entreprise, ce qui ne lui permet pas de fournir du travail aux non-grévistes.

FICHE 21
La discrimination au travail

La discrimination consiste à opérer une distinction entre des salariés pour un motif illicite. Elle peut prendre différentes formes. Il convient de distinguer la non-discrimination (interdire l'usage de certains critères pour décider) de l'égalité de traitement (assurer un traitement égal des personnes placées dans des situations similaires). La discrimination est un délit pénal sanctionné par 3 ans de prison et 45 000 € d'amende.

Les différentes formes de discrimination

- **Directe :** prise en considération d'un des critères prohibés (origine, sexe, âge ; appartenance ou non-appartenance, vraie ou supposée, à une ethnie, une nation ou une race ; apparence physique ; patronyme ; grossesse ; état de santé ; caractéristiques génétiques ; handicap ; mœurs ; orientation sexuelle ; identité de genre ; situation de famille ; opinions politiques ; activités syndicales ou mutualistes ; exercice d'un mandat électif ; exercice normal du droit de grève ; particulière vulnérabilité résultant de sa situation économique, apparente ou connue de son auteur ; convictions religieuses ; lieu de résidence ou de domiciliation bancaire ; perte d'autonomie ou handicap ; capacité à s'exprimer dans une langue autre que le français ; qualité de lanceur d'alerte, de facilitateur ou de personne en lien avec un lanceur d'alerte).
- **Indirecte :** effet discriminant dans une mesure d'apparence neutre (ex. : l'organisation systématique de réunions à 18 h peut avoir un effet discriminant envers les salariés parents de jeunes enfants).
- **Systémique :** situation d'inégalité sur un groupe spécifique.
- **Multiple :** cumul de plusieurs critères prohibés.

Différences de traitement autorisées

- Si les critères répondent à une exigence professionnelle essentielle et déterminante (ex. : exclure les aveugles au concours de pilotes).
- Si le but poursuivi est légitime et que les moyens pour y parvenir sont nécessaires et appropriés.

L'action en justice contre la discrimination

La victime doit démontrer l'apparence de la discrimination. Elle peut saisir les prud'hommes mais aussi porter plainte.

- Les **organisations syndicales** peuvent exercer les actions pour la victime.
- Le **Défenseur des droits** dispose de plusieurs moyens de lutte tels que le règlement amiable, la médiation, la transaction pénale.
- L'**inspecteur du travail** veille à l'application du principe de non-discrimination et constate les infractions à ce principe.
- Le **CSE** peut mettre en place la procédure d'alerte.

Les protections contre le licenciement

Nullité du licenciement	Tout licenciement discriminatoire entraîne sa nullité avec réintégration du salarié ou indemnisation.
Conséquences pour l'employeur	Paiement des 6 derniers mois de salaire et remboursement à Pôle emploi des indemnités de chômage versées.

FICHE 22

Le harcèlement au travail

On distingue deux types de harcèlement : le harcèlement moral et le harcèlement sexuel. Ce sont des délits sanctionnés pénalement.

Le harcèlement moral

- **Définition :** le harcèlement moral est constitué par des agissements répétés envers un salarié qui ont pour objet ou pour effet une dégradation de ses conditions de travail susceptible de porter atteinte à ses droits et à sa dignité, d'altérer sa santé physique ou mentale, ou de compromettre son avenir professionnel.
- **Exemples :** mise à l'écart, dénigrement, moqueries régulières.
- **Sanctions prises par l'employeur :** l'auteur de harcèlement est passible de sanctions disciplinaires pouvant aller jusqu'au licenciement. L'employeur écoutera la victime, mènera une enquête et évitera que les faits se reproduisent.
- **Sanctions pénales :** le harcèlement moral est un délit passible d'une peine de 2 ans d'emprisonnement et 30 000 € d'amende.

Le harcèlement sexuel

- **Définition :** le harcèlement sexuel est constitué par des propos ou comportements à connotation sexuelle répétés qui soit portent atteinte à la dignité du salarié en raison de leur caractère dégradant ou humiliant, soit créent à son encontre une situation intimidante, hostile ou offensante.
- **Exemples :** compliments sur le corps, questions intimes, attouchements, blagues vulgaires.
- **Sanctions :** ce sont les mêmes que pour le harcèlement moral (sanctions disciplinaires pouvant aller jusqu'au licenciement, sanctions pénales de 2 ans d'emprisonnement et 30 000 € d'amende).

La prévention du harcèlement sexuel

- **Employeur :** obligation de prévention, obligation d'information (règlement intérieur).
- **CSE :** rôles préventif et consultatif (référent harcèlement).
- **Médecin du travail :** rôle de conseil, proposition de mesures.

Les saisines possibles en cas de harcèlement

Conseil de prud'hommes	Le salarié peut le saisir en procédure accélérée si l'employeur ne réagit pas. **Prescription** : 5 ans
Juge pénal	Saisi par le salarié, il devra démontrer l'intention de nuire de l'auteur des faits. **Prescription** : 6 ans
Organisations syndicales	Elles peuvent exercer des actions pour l'intéressé sur son accord écrit.

FICHE 23

Les sanctions disciplinaires

Selon l'article L1331-1 du Code du travail, constitue une sanction disciplinaire « toute mesure, autre que les observations verbales, prise par l'employeur à la suite d'un agissement du salarié considéré par l'employeur comme fautif, que cette mesure soit de nature à affecter ou non la présence du salarié dans l'entreprise, sa fonction, sa carrière ou sa rémunération ».

Ces sanctions sont prévues dans le règlement intérieur si l'entreprise en dispose ; à défaut, c'est à l'employeur de décider de la sanction.

Nous évoquerons ici les principales sanctions.

L'avertissement ou le blâme

- Ils sont notifiés par **écrit** : les reproches sont adressés par courrier ou courriel au salarié, le mettant en garde de corriger son comportement fautif (une mise en garde orale ne constitue pas une sanction).
- Il s'agit d'une sanction disciplinaire **mineure** : elle ne nécessite pas un entretien préalable en principe (sauf mention contraire dans le règlement intérieur ou la convention collective).
- **Exemples :** absence injustifiée, retards répétés, non-respect des consignes.

La mise à pied disciplinaire

- C'est une **sanction lourde** : elle fait l'objet d'un entretien préalable. Elle suspend le contrat de travail et la rémunération du salarié.
- Elle doit être **prévue dans le règlement intérieur**, être limitée dans le temps et proportionnée à la faute. La convention collective peut en prévoir la durée.
- **Exemples :** négligence ou erreur grave, manquement aux règles d'hygiène et de sécurité, violences, injures.

ATTENTION ! La mise à pied disciplinaire ne doit pas être confondue avec la mise à pied conservatoire, qui constitue une mesure d'attente préalable à une sanction.

La mutation disciplinaire

- C'est une **sanction lourde** qui a pour effet le changement d'affectation ou de lieu de travail du salarié. Elle peut avoir des conséquences sur sa carrière et/ou sa rémunération.
- La **modification du contrat de travail** impliquant l'accord du salarié, en cas de refus de ce dernier, l'employeur doit modifier la sanction.
- **Exemples :** fautes importantes de type harcèlement.

La rétrogradation disciplinaire

Il s'agit d'une alternative au licenciement qui entraîne une modification du contrat de travail (diminution de qualification ou de position hiérarchique) et une baisse de rémunération.

- **Acceptation par le salarié :** au vu de la gravité de la sanction, le salarié peut la refuser. S'il l'accepte, il peut toutefois en contester la proportionnalité et en obtenir l'annulation.
- **Licenciement :** en cas de refus de la sanction, le salarié peut être licencié (procédure à respecter).
- **Exemples :** vol, diffamation, dégradation de matériel.

Procédures à suivre selon la gravité de la sanction

À NOTER La procédure disciplinaire doit être engagée dans les 2 mois qui suivent les faits ou la date à laquelle l'employeur en a eu connaissance.

Sanctions mineures	▪ Avertissement ou blâme ▪ Un courrier indiquant la sanction et les motifs est envoyé au salarié par LRAR ou par courrier électronique.
Sanctions graves	▪ Mise à pied disciplinaire, mutation disciplinaire, rétrogradation disciplinaire. ▪ Une procédure doit être suivie à peine de nullité de celle-ci.
Convocation à un entretien préalable	▪ Elle est adressée par LRAR ou remise en main propre. ▪ Le délai doit être suffisant pour que le salarié prépare sa défense. ▪ Le salarié peut se faire assister par une personne de l'entreprise (si CSE) ou un conseiller de son choix (en l'absence de CSE).
Entretien	▪ L'employeur indique au salarié le motif de la sanction envisagée. Il recueille ses explications.
Notification de la sanction	▪ Le courrier notifiant la sanction doit être envoyé entre deux jours ouvrables et un mois après l'entretien. La LRAR motivera la sanction de façon précise.
Contrôle du juge	En cas de procédure irrégulière, le juge peut annuler la sanction mais non la modifier (pouvoir souverain de l'employeur). L'annulation peut être prononcée pour 3 motifs : ▪ la sanction est injustifiée (absence de faute ou faits trop anciens) ; ▪ elle n'est pas prévue dans le règlement intérieur ; ▪ elle est disproportionnée à la faute.

ATTENTION ! Un même fait ne peut donner lieu à deux sanctions différentes, sauf si :
- le salarié persiste dans son comportement ;
- de nouveaux faits se sont produits.

En cas de double sanction pour un même fait, l'employeur encourt la nullité de la sanction.

Le Code du travail, dans son article L1332-5, précise : « Aucune sanction antérieure de plus de trois ans à l'engagement des poursuites disciplinaires ne peut être invoquée à l'appui d'une nouvelle sanction. »

FICHE 24

La rupture du contrat de travail : la démission

La démission permet à un salarié de rompre son CDI de sa propre initiative. La jurisprudence la définit en ces termes : c'est « un acte unilatéral par lequel le salarié manifeste de façon claire et non équivoque sa volonté de rompre le contrat de travail », et en précise les conditions de validité.

Les conditions de forme et de fond de la démission

- **Forme :** aucun formalisme n'est exigé (elle peut être écrite ou orale). En revanche, la convention collective peut exiger un écrit.
- La **volonté du salarié** doit être :
  - **claire :** la démission émane du salarié seul ;
  - **sérieuse :** la démission est libre ; elle ne résulte pas d'un énervement passager ou d'une colère soudaine ;
  - **non équivoque :** elle ne résulte pas de l'interprétation du comportement du salarié (ex. : non-reprise du travail après des congés).
- **Rétractation :** le salarié ne peut se rétracter une fois la démission donnée.

À NOTER L'employeur ne peut refuser une démission régulièrement donnée.

Le préavis

- **Durée :** elle est prévue par la loi, la convention collective ou les usages.
- **Dispense de préavis :** elle concerne les femmes enceintes et les parents souhaitant élever un enfant.
- **Dispense par l'employeur :** elle peut être convenue par l'employeur ou les parties entre elles.
- **Inexécution du préavis par le salarié :** le salarié devra verser à l'employeur le montant des salaires restant à courir à titre de dédommagement.

Les droits du salarié démissionnaire

Indemnité compensatrice de congés payés	Les congés payés ne peuvent être réduits en cas de dispense de préavis par l'employeur. *A contrario*, le préavis non effectué à l'initiative du salarié ne prend pas en compte les droits à congés payés.
Allocations chômage	En principe, le préavis n'ouvre pas droit aux allocations chômage, sauf dans les cas suivants : ▪ suivi de conjoint, harcèlement ou faute de l'employeur... ; ▪ indemnisation au bout de 4 mois s'il y a des preuves de recherche active ; ▪ projet de reconversion, de reprise ou de création d'entreprise.
Documents de fin de contrat	L'employeur doit remettre au salarié les documents suivants : ▪ un certificat de travail ; ▪ une attestation Pôle emploi ; ▪ un reçu pour solde de tout compte.

FICHE 25

La rupture du contrat de travail : le licenciement pour motif personnel

Le licenciement pour motif personnel consiste en la rupture du contrat de travail à durée indéterminée à l'initiative de l'employeur pour un motif inhérent à la personne du salarié. Le licenciement doit être justifié par une cause réelle et sérieuse.

La cause réelle et sérieuse

Elle est établie si elle respecte 3 critères cumulatifs.

- Elle repose sur des **faits réels** (avancés et prouvés).
- Elle est **précise et vérifiable** (exactitude des faits, véritable cause du licenciement).
- Elle revêt une **certaine gravité** qui rend impossible le maintien du salarié dans l'entreprise.

Les faits fautifs (licenciement pour faute)

Parmi les 4 catégories de fautes, 3 peuvent donner lieu à un licenciement (la faute légère ne le justifie pas).

- **Faute sérieuse (ou simple) :** comportement fautif lors de l'exécution de la prestation de travail (ex. : négligence) ; elle ne justifie pas une mise à pied conservatoire (écarter le salarié de l'entreprise dans l'attente d'une sanction).
- **Faute grave :** elle constitue une violation des règles de discipline (ivresse, vol, violence, injures...). Le salarié est écarté de l'entreprise sans préavis.
- **Faute lourde :** elle est caractérisée par une intention de nuire à l'employeur (sabotage de matériel, détournement de clientèle...). L'employeur écarte immédiatement le salarié de l'entreprise.

Les conséquences pour le salarié selon la faute

- **Faute sérieuse :** indemnités de licenciement, préavis et congés payés.
- **Faute grave :** aucune indemnité, sauf les congés payés. Mise à pied conservatoire possible.
- **Faute lourde :** aucune indemnité, sauf les congés payés. Mise à pied conservatoire automatique.

Dans les 3 cas, le salarié perçoit les primes d'intéressement et de participation, le cas échéant.
Le salarié peut bénéficier des allocations chômage sous réserve de ses droits.

Les faits non fautifs (licenciement en l'absence de faute)

Le licenciement d'un salarié pour motif personnel est possible même en l'absence de faute.

Insuffisance professionnelle	Agissement du salarié dans le cadre de sa qualification (erreurs, oublis...). Ce motif ne peut être invoqué si l'employeur n'a pas satisfait à son obligation de formation.
Perte de confiance	En principe, elle ne constitue pas un motif de licenciement, sauf si des faits objectifs se sont produits.

Non-réalisation d'objectifs	Ce motif est invoqué si le salarié a de mauvais résultats (commerciaux), en cas d'insuffisance professionnelle notamment; il ne peut être invoqué que si les objectifs étaient réalistes et réalisables.
Maladie	Ce motif ne peut être invoqué en l'état car il constitue une discrimination. En revanche, l'employeur peut l'invoquer si 3 conditions cumulatives sont remplies : ▪ perturbation du fonctionnement de l'entreprise ou du service ; ▪ remplacement effectif du salarié absent ; ▪ embauche immédiate d'un salarié suite au licenciement.
Vie privée du salarié	En principe, un fait relevant de la vie privée du salarié ne peut justifier un licenciement, sauf à 2 conditions : ▪ il se rattache à sa vie professionnelle ou à ses obligations contractuelles ; ▪ il cause un trouble objectif dans l'entreprise. (Ex. : retrait de permis pour un chauffeur.)

La procédure de licenciement

Le licenciement étant un acte qui a des conséquences graves pour le salarié, sa procédure est très encadrée.

Elle se déroule en 3 étapes :

- **convocation à un entretien préalable :** elle est effectuée par lettre recommandée ou remise en main propre contre décharge. La lettre de convocation indique l'objet de la convocation, la date, l'heure et le lieu de l'entretien, ainsi que la possibilité pour le salarié de recourir à un conseiller de son choix ;
- **l'entretien préalable :** il ne peut avoir lieu moins de **5 jours** ouvrables après la présentation de la lettre recommandée ou la remise en main propre de la convocation. Il doit permettre au salarié de connaître les motifs du licenciement envisagé et lui permettre de s'expliquer ;
- **la notification du licenciement :** elle est envoyée par lettre recommandée avec avis de réception. Elle peut être expédiée moins de **2 jours ouvrables** après la date prévue de l'entretien préalable au licenciement auquel le salarié a été convoqué (1 mois maximum).
  Cette lettre constitue le point de départ du préavis.

À RETENIR Dans le cas d'un licenciement pour faute grave ou lourde, la charge de la preuve appartient à l'employeur. En cas de doute, il profite au salarié.

Sanctions du licenciement sans cause réelle est sérieuse

L'employeur sera sanctionné en cas de licenciement dépourvu de cause réelle et sérieuse :

- réintégration du salarié dans l'entreprise ;
- en cas de refus par l'une ou l'autre partie, versement d'une indemnisation qui varie en fonction de l'effectif de l'entreprise et de l'ancienneté du salarié. Elle se cumule avec les autres indemnités.

FICHE 26

La rupture du contrat de travail : le licenciement pour motif économique

Un licenciement pour motif économique est un licenciement effectué par un employeur pour des raisons qui ne sont pas liées au salarié lui-même, mais à des motifs économiques. Ces motifs doivent reposer sur une cause réelle et sérieuse.

Les raisons économiques

- **Origines :** suppression ou transformation de l'emploi, modification d'un élément essentiel du contrat refusé par le salarié.
- **Motifs économiques :** difficultés économiques, mutations technologiques, nécessité de sauvegarder la compétitivité, cessation d'activité (sauf faute de l'employeur).

La notion de difficulté économique

- Baisse des commandes ou du chiffre d'affaires (CA).
- Perte d'exploitation, dégradation de la trésorerie ou de l'excédent brut d'exploitation.
- Tout élément de nature à justifier des difficultés économiques.

Il est admis qu'il y a baisse significative des commandes ou du CA lorsque, en comparaison avec la même période de l'année précédente, cette baisse atteint une durée qui varie selon la taille de l'entreprise (ex. : moins de 11 salariés, un trimestre ; au moins 300 salariés, 4 trimestres consécutifs).

Les obligations de l'employeur

Avant de licencier, l'employeur doit respecter certaines obligations.

- **Adaptation :** le salarié doit bénéficier d'une formation pour s'adapter au poste.
- **Reclassement :** l'employeur doit proposer tout poste susceptible de convenir au salarié, même si cela implique une modification du contrat de travail.

Ces propositions doivent être écrites.

- **Critères de licenciement** : ils sont prévus ou non par une convention, les IRP doivent être consultées. Les critères obligatoirement à retenir mais pouvant être modulés par l'employeur sont les suivants : ancienneté, charge de famille, difficulté de réinsertion, âge, qualités professionnelles.

Le fait de ne pas remplir ces obligations rend le licenciement sans cause réelle et sérieuse.

La procédure de licenciement individuel

Elle doit être rigoureusement suivie à peine de nullité.

Convocation à un entretien préalable	▪ Elle est envoyée par LRAR ou remise en main propre. ▪ Elle précise la date, le lieu et l'heure de l'entretien, ainsi que la possibilité de se faire assister. ▪ Le motif n'est pas à mentionner.
Entretien	▪ Il a lieu au moins 5 jours ouvrables après la présentation de la convocation. ▪ L'employeur explique les motifs de la décision et recueille les arguments du salarié. ▪ Il informe le salarié des dispositifs d'aide au reclassement (CSP si moins de 1 000 salariés, congé de reclassement si au moins 1 000 salariés).
Notification du licenciement	▪ Si aucun reclassement n'est possible, le licenciement est notifié au minimum 7 jours ouvrables après l'entretien et au moins 15 jours pour un cadre. ▪ La notification mentionne l'énoncé du motif économique, son incidence sur l'emploi ainsi que la priorité de réembauche dans le délai d'un an.
Information à la DREETS	▪ L'employeur doit, dans les 8 jours qui suivent l'envoi de la lettre de licenciement, informer la Direction régionale de l'économie, de l'emploi, du travail et des solidarités (DREETS) à laquelle il est rattaché. ▪ Il précise la date des licenciements, les salariés concernés...

Le licenciement économique collectif

La procédure varie selon le nombre de licenciés sur 30 jours.

- **Licenciement collectif de moins de 10 salariés sur 30 jours**
  Il se différencie du licenciement économique individuel sur 3 points :
  - obligation de consulter le CSE avant les entretiens avec les salariés ;
  - la DREETS peut formuler des observations ;
  - le délai de notification après l'entretien est de 7 jours, identique quelle que soit la catégorie de salariés cadres ou non cadres.
- **Licenciement collectif de plus de 10 salariés sur 30 jours**
  - L'employeur doit convoquer au moins 2 réunions avec le CSE. Un procès-verbal est établi après chaque réunion.
  - Il n'y a pas d'entretien préalable (sauf s'il n'y a pas de CSE dans l'entreprise ou que celle-ci compte moins de 50 salariés).
  - La DREETS doit être informée après chaque réunion (transmission des documents).
  - La notification est adressée à chaque salarié individuellement.

À NOTER Les entreprises d'au moins 1000 salariés qui envisagent de fermer un site doivent rechercher un repreneur avant tout licenciement (loi Florange 14/06/2013).

L'encadrement du licenciement collectif est complexe et riche.
Pour plus d'informations, consulter le site :

demarches.interieur.gouv.fr
liennathan.fr/6msv72

FICHE 27

La rupture du contrat de travail : la rupture conventionnelle

La rupture conventionnelle, créée en 2008, est une convention par laquelle l'employeur et le salarié décident de rompre d'un commun accord le contrat de travail à durée indéterminée qui les lie. Homologuée par les Directions régionales de l'économie, de l'emploi, du travail et des solidarités (DREETS), elle est autorisée par l'inspecteur du travail pour les salariés protégés.
Ce mode de rupture n'est pas un droit pour le salarié.

Les étapes de la rupture conventionnelle

Elle se déroule en trois étapes.

- **Entretien(s) :** un ou plusieurs entretiens préalables sont prévus afin de négocier les conditions de la rupture. Les parties peuvent se faire assister sous certaines conditions.
- **Convention de rupture :** formalisée par écrit sur un formulaire Cerfa (n° 14598*01), elle définit les conditions (indemnité de rupture, voir ci-dessous) et la date de la rupture.
- **Droit de rétractation :** chaque partie dispose, à compter de la date de signature de la convention, d'un délai de 15 jours calendaires lui permettant de se rétracter. La rétractation se fait par tout moyen permettant d'attester de la date de réception (LRAR ou remise en main propre).
- **Demande d'homologation :** elle se fait par téléservice auprès de la DREETS du lieu de l'entreprise. La DREETS dispose de 15 jours ouvrables à compter du lendemain de la réception pour valider la rupture. Sa non-réponse vaut homologation.

Les droits du salarié

- **Indemnité de rupture :** elle est au moins égale à celle de l'indemnité de licenciement, à savoir : 1/4 de mois de salaire par année d'ancienneté jusqu'à 10 ans et 1/3 de mois de salaire par année d'ancienneté au-delà. Le salaire pris en compte est le plus avantageux (12 derniers mois ou 1/3 des 3 derniers mois).
- **Allocations chômage :** le salarié y a droit dans les conditions de droit commun.

Le contentieux de la rupture conventionnelle

- **Compétence :** le conseil de prud'hommes.
- **Délai :** 12 mois à compter de la date d'homologation.
- **Action en nullité :** en cas de non-respect des formalités, fraude, vices du consentement.

La rupture conventionnelle collective

Mise en place depuis le 23 décembre 2017, elle concerne plusieurs salariés en même temps. Elle peut intervenir en cas de licenciement économique dans le cadre d'un plan de sauvegarde de l'emploi (PSE). Elle doit respecter une procédure.

Négociation d'un accord collectif	L'accord définit les conditions et les modalités de la rupture. En l'absence de délégué syndical, il peut être adopté par : ▪ référendum dans les entreprises de moins de 11 salariés ; ▪ négociation avec un salarié mandaté ; ▪ les membres du CSE.
Transmission à la DREETS	L'Administration doit être informée dès l'ouverture des négociations *via* le portail RUPCO.
Consultation du CSE	Le CSE doit être consulté dans le cadre de l'accord.
Réponse de la DREETS	L'Administration a 15 jours ouvrables pour valider l'accord. Sa non-réponse vaut accord.

Les avantages et les inconvénients de la rupture conventionnelle

La rupture du contrat de travail se fait en bons termes. Cela permet de ne pas laisser la situation dégénérer et évite les litiges prud'homaux.

La date de fin de contrat est fixée.

Le salarié perçoit une indemnité de fin de contrat et a droit aux allocations chômage.

Le motif de la rupture n'apparaît pas dans le formulaire Corfa, ce qui facilite la recherche d'un nouvel emploi pour le salarié.

A contrario, la rupture peut être « imposée » par l'employeur afin de détourner le droit du licenciement. Il n'y a pas de préavis.

Le coût de la rupture conventionnelle pour l'employeur

La loi du 14 avril 2023 (sur la réforme des retraite) modifie le régime social des indemnités de rupture conventionnelle à compter du 1er septembre 2023. Il ne varie plus selon le droit du salarié de percevoir ou non une pension de retraite.

Les contributions payées par l'employeur sur les indemnités versées à l'occasion d'une rupture conventionnelle et d'une mise à la retraite sont désormais unifiées. Le taux de cette contribution unique est fixé à **30 % de l'indemnité versée**. Elle remplace le forfait social, fixé auparavant à 20 % du montant de l'indemnité de rupture conventionnelle, et la contribution patronale de 50 % de l'indemnité versée pour la mise à la retraite du salarié.

Cette modification rend la rupture conventionnelle plus coûteuse qu'avant pour les employeurs.

Les chiffres de la rupture conventionnelle (Dares 2022)

En 2022, 503 642 ruptures conventionnelles individuelles ont été homologuées dans le secteur privé en France métropolitaine. 128 500 l'ont été pour le premier trimestre 2023.

Les ruptures conventionnelles repartent à la hausse après une baisse due à la crise sanitaire en 2020. Ce rebond se manifeste dans toutes les régions et la plupart des secteurs d'activité. Les cadres sont les moins touchés.

FICHE 28

La rupture du contrat de travail : la prise d'acte

La **prise d'acte** consiste, pour le salarié, à quitter l'entreprise et à rompre son contrat de travail tout en reprochant à son employeur d'avoir provoqué son départ. La jurisprudence encadre ce mode de rupture.

L'absence de formalisme de la prise d'acte

- **Formalisme :** la prise d'acte n'a pas à être précédée d'une mise en demeure. Elle peut être présentée directement à l'employeur par le salarié ou son avocat.
- **Contrat de travail :** sa rupture suit immédiatement la prise d'acte.

Les effets de la prise d'acte

Il appartient au juge de déterminer si les faits invoqués justifient la prise d'acte. En cas de doute, il profite à l'employeur.

- **Licenciement sans cause réelle et sérieuse :** si les manquements de l'employeur sont suffisamment graves (défaut de versement du salaire, manquement aux obligations de sécurité...), la prise est qualifiée de licenciement sans cause réelle et sérieuse, donc aux torts de l'employeur.
- **Démission :** si le juge estime que les manquements de l'employeur ne sont pas suffisamment graves ou sont injustifiés, il qualifie la prise d'acte de démission ou, dans certains cas, de départ volontaire à la retraite.

Les conséquences pour le salarié en cas de prise d'acte injustifiée

Si les griefs reprochés à l'employeur sont infondés, la prise d'acte est qualifiée de démission.

- **Indemnité :** le salarié doit à l'employeur une indemnité pour préavis non exécuté, si celui-ci en fait la demande.
- **Dommages et intérêts :** le salarié peut être amené à verser une compensation financière à son employeur si la prise d'acte s'accompagne d'un comportement déloyal de sa part.

Les droits du salarié en cas de prise d'acte justifiée

La prise d'acte produit les effets d'un licenciement sans cause réelle et sérieuse.

Indemnité compensatrice de préavis	Le salarié perçoit l'indemnité de préavis et les congés payés en découlant.
Indemnités de licenciement	▪ Indemnités légales ou conventionnelles ▪ Dommages et intérêts pour licenciement sans cause réelle et sérieuse
Dommages et intérêts	▪ Dommages et intérêts en cas de préjudice ▪ Intérêts au taux légal sur les sommes dues à compter de la prise d'acte

À NOTER Dans le cas d'un salarié protégé, la prise d'acte produit les effets d'un licenciement nul.

FICHE 29

La rupture du contrat de travail : le départ et la mise à la retraite

Le départ à la retraite est un mode de rupture du contrat à l'initiative du salarié, tandis que la mise à la retraite est à l'initiative de l'employeur.

Le départ à la retraite

Les conditions

- **Âge légal :** il doit être atteint. Fixé à 64 ans pour les personnes nées après 1968, il est relevé de façon progressive de 62 à 64 ans pour les années de naissance précédentes, à l'exception des départs anticipés (carrière longue, handicap, pénibilité).
- **Liquidation de la pension :** le salarié doit liquider sa pension, à taux plein ou à taux minoré, en fonction du nombre de trimestres requis.
- **Départ non équivoque :** le départ doit résulter de la seule volonté du salarié. *A contrario*, il est considéré comme un licenciement sans cause réelle et sérieuse.

Les formalités à accomplir

- **Notification du départ :** sauf si la convention collective le prévoit, le salarié n'a pas à notifier son départ à l'employeur.
- **Préavis :** il est fixé par la convention collective ou, à défaut, par la loi : 1 mois maximum entre 6 mois et moins de 2 ans d'ancienneté ; 2 mois maximum pour 2 ans d'ancienneté et plus.

Les droits du salarié à son départ à la retraite

Le salarié a droit à une indemnité de départ fixée en principe par la convention collective ; à défaut, la loi suivante s'applique, en fonction des années d'ancienneté :

- **après 10 ans :** 0,5 mois de salaire ;
- **après 15 ans :** 1 mois de salaire ;
- **après 20 ans :** 1,5 mois de salaire ;
- **après 30 ans :** 2 mois de salaire.

Le calcul se fait selon la formule la plus avantageuse pour le salarié : soit le 1/12e de la rémunération des 12 derniers mois précédant le départ à la retraite, soit le 1/3 des 3 derniers mois. Cette indemnité a le caractère de salaire soumis à cotisations sociales.

La mise à la retraite

Jusqu'à ce que le salarié atteigne 70 ans, l'employeur ne peut le mettre à la retraite sans son « accord de principe ».

Forme	Il ne s'agit pas d'un licenciement, donc l'employeur n'a pas à suivre cette procédure. Il est fortement conseillé à l'employeur d'écrire au salarié par lettre recommandée avec accusé de réception.
Âge de la retraite à taux plein	La mise à la retraite ne peut être mise en œuvre que lorsque le salarié a atteint l'âge de la retraite à taux plein, soit 67 ans. Une convention collective peut fixer des conditions différentes.

Déclaration d'intention	L'employeur qui désire mettre un salarié à la retraite doit l'interroger chaque année jusqu'à ses 70 ans. Cette demande doit être faite par écrit 3 mois avant chaque date anniversaire du salarié. ▪ Le salarié dispose d'un mois pour répondre. ▪ À la date anniversaire des 70 ans, l'employeur peut le mettre à la retraite d'office sans l'interroger. À noter : un salarié embauché alors qu'il a déjà 70 ans ne peut être mis à la retraite. Le fait de ne pas suivre cette procédure entraîne la requalification de la rupture en licenciement nul.
Respect d'un préavis	Un préavis, prévu en principe par la convention collective, doit être respecté par l'employeur : ▪ 1 mois entre 6 mois et 2 ans d'ancienneté ; ▪ 2 mois pour 2 ans d'ancienneté et plus.
Mise à la retraite d'un salarié protégé	La procédure de licenciement doit alors être suivie, même si le salarié remplit les conditions de mise à la retraite : ▪ entretien préalable ; ▪ avis du CSE ; ▪ autorisation de l'inspection du travail.

Focus sur la retraite

La durée d'assurance retraite au régime général de la Sécurité sociale est constituée par l'ensemble des trimestres validés en tant que salarié :

- périodes d'activité professionnelle cotisées ;
- périodes d'interruption de l'activité professionnelle assimilées à des périodes cotisées ;
- rachat de trimestres, éventuellement ;
- trimestre de majoration (enfants).

Cette durée permet de déterminer le droit à la retraite à taux plein ou à taux minoré. Le nombre de trimestres cotisés est limité à 4 par année civile.

Certaines périodes sont assimilées à des périodes cotisées (ex. : chômage, maladie, maternité, invalidité, accident du travail).

À la retraite de base s'ajoute la retraite complémentaire. Celle-ci fonctionne par points, attribués en fonction des cotisations payées. Le nombre de points cumulés est transformé en euros.

La retraite en France est une retraite par répartition. Les cotisations des actifs sont utilisées pour payer les pensions de retraite.

La retraite progressive

Ce dispositif permet de travailler à temps partiel tout en percevant une partie de sa retraite et en continuant à cotiser pour améliorer son montant.

Le cumul emploi-retraite

La poursuite ou la reprise d'activité sont possibles afin de cumuler pension de retraite et revenus d'activité. Sous certaines conditions, la constitution de nouveaux droits à la retraite est possible.

Les travailleurs indépendants ne sont pas obligés d'arrêter leur activité pour percevoir leur retraite.

Pour en savoir plus
www.lassuranceretraite.fr

FICHE 30

Le comité social et économique (CSE)

Le CSE est l'instance de représentation du personnel dans l'entreprise. Il doit être mis en place dans les entreprises de plus de 11 salariés. Ses membres sont élus pour 4 ans. La composition, les compétences et le fonctionnement du CSE varient selon la taille de l'entreprise.

La mise en place du CSE

- **Élections :** les membres sont élus tous les 4 ans par les salariés, à bulletin secret ou par vote électronique. Le scrutin est à 2 tours ; au 1er tour, ne peuvent se présenter que les candidats mandatés par une organisation syndicale. En cas d'absence de candidats, un procès-verbal de carence est établi.
- **Conditions d'éligibilité :** avoir 18 ans, être depuis au moins un an dans l'entreprise, ne pas être privé de ses droits civiques et ne pas être conjoint, parent ou allié de l'employeur.
- **Conditions pour être électeur :** avoir au moins 16 ans, 3 mois d'ancienneté dans l'entreprise et jouir de ses droits civiques.
- **Composition du CSE :** l'employeur et une délégation du personnel (nombre égal de titulaires et de suppléants) constituent le CSE, qui comprend au moins un secrétaire et un trésorier.
- **Règlement intérieur :** élaboré par le CSE, il en fixe les modalités de fonctionnement.

Les attributions du CSE

Le CSE est une personne morale de droit privé dotée de la personnalité civile. Il peut agir en justice et engager sa responsabilité civile et pénale. Ses attributions varient selon l'effectif de l'entreprise.

- **Entre 11 et 49 salariés, le CSE :**
  - présente les réclamations individuelles et collectives des salariés ;
  - contribue à promouvoir la santé, la sécurité et les conditions de travail dans l'entreprise (droit d'alerte) ;
  - est apte à saisir l'inspection du travail.
- **À partir de 50 salariés**, le CSE, en plus des attributions exercées dans les entreprises de moins de 50 salariés :
  - gère les activités sociales et culturelles ;
  - remplit des fonctions supplémentaires en matière de santé et sécurité (analyse des risques, maternité, handicap, prévention du harcèlement) ;
  - dispose d'un droit d'alerte économique et d'un droit d'alerte sociale. Il a également un droit à l'information ponctuelle et permanente de l'entreprise.
- **Consultations du CSE :** le CSE est consulté de façon récurrente sur les orientations stratégiques de l'entreprise, sa situation économique et sa politique sociale, mais aussi de façon ponctuelle (contrôle d'activité, licenciement économique, restructuration...).
- **Conclusion d'accords collectifs :** en l'absence de délégués syndicaux.

Les moyens du CSE

- **Local aménagé :** mis à disposition par l'employeur, il est équipé de matériel, éclairé, chauffé et meublé.
- **Panneau d'affichage :** il permet de communiquer avec les salariés (il doit être distinct de celui des délégués syndicaux).

- **Réunions :** le nombre de réunions est fixé par accord collectif sans pouvoir être inférieur à 6 réunions par an, sur convocation de l'employeur.
- **Heures de délégation :** assimilées à du temps de travail, elles varient, selon la taille de l'entreprise, de 10 heures à 24 heures mensuelles.

Les commissions du CSE

Elles sont variées et parfois imposées par la taille de l'entreprise. Un accord d'entreprise peut créer des commissions pour des problèmes particuliers.

Commission santé, sécurité et conditions de travail (CSSCT)	Elle est obligatoire : ▪ dans les entreprises d'au moins 300 salariés ; ▪ dans celles qui présentent des risques particuliers (installation nucléaire, site classé « Seveso seuil haut ») ; ▪ si l'inspecteur du travail l'estime nécessaire.
Commission des marchés	Certains grands CSE interviennent pour le choix des fournisseurs et prestations.
Commission formation	Elle est obligatoire dans les entreprises d'au moins 300 salariés.
Commission d'information et d'aide au logement	Elle est obligatoire dans les entreprises d'au moins 300 salariés.
Commission de l'égalité professionnelle	Obligatoire dans les entreprises d'au moins 300 salariés, elle est chargée de préparer les délibérations consultatives de la politique sociale et des conditions de travail.
Commission économique	Obligatoire dans les entreprises d'au moins 1 000 salariés, elle est chargée d'étudier les documents économiques et financiers.

Le budget du CSE

- Dans les **entreprises de moins de 50 salariés**, le CSE n'a aucun budget. Les élus bénéficient de formation de 5 jours lors du 1er mandat et de 3 jours en cas de renouvellement.
- Dans les **entreprises de plus de 50 salariés**, le CSE est doté :
  – d'un budget de fonctionnement fixé à :
    • 0,20 % de la masse salariale brute dans les entreprises de moins de 2 000 salariés,
    • 0,22 % de la masse salariale brute dans les entreprises d'au moins 2 000 salariés ;
  – d'un budget « activités sociales et culturelles » fixé par accord d'entreprise.

FICHE 31

Les syndicats

Un syndicat est une association de personnes dont l'objectif est la défense d'intérêts professionnels communs. Il regroupe des individus exerçant la même profession ou des métiers connexes. En France, il existe 5 syndicats représentatifs au niveau national : la CFDT, la CGT, FO, la CFE-CGC et la CFTC, et 4 syndicats d'employeurs : le MEDEF, la CGPME, l'UPA et l'UNAPL.

Les critères de représentativité syndicale

La représentativité syndicale est l'aptitude à être le porte-parole des salariés. Un syndicat est représentatif s'il réunit les 7 critères suivants : le respect des valeurs républicaines, l'indépendance, la transparence financière, l'ancienneté de 2 ans minimum, l'influence (déterminée par l'activité et l'expérience), les effectifs d'adhérents et cotisations, l'audience.

Le délégué syndical et la section syndicale

Ce sont les principaux moyens d'activité syndicale au sein de l'entreprise.

- **Délégué syndical :** c'est un représentant du personnel (salarié protégé) désigné par un syndicat. Il a pour missions :
  - de négocier des accords collectifs ;
  - de représenter le syndicat auprès de l'employeur en lui formulant des propositions, des réclamations ou des revendications.
- **Section syndicale :** elle défend les droits et les intérêts des salariés qu'elle représente. Dans le cas d'un syndicat représentatif, c'est le délégué syndical qui exerce ses attributions ; si le syndicat n'est pas représentatif, c'est le représentant de section syndicale qui agit.

Les moyens du délégué syndical

Pour exercer ses missions, il bénéficie de moyens. Il est un salarié protégé.

Accès aux données et droit à l'information	L'employeur doit lui communiquer un certain nombre d'informations sur l'entreprise et lui donner accès à la BDES (base de données économiques et sociales de l'entreprise).
Heures de délégation	Un crédit d'heures lui est alloué pour lui permettre d'exercer ses missions. Il varie selon la taille de l'entreprise.
Liberté de déplacement et moyens matériels	▪ Le délégué syndical a la liberté de déplacement dans et hors de l'entreprise. ▪ L'employeur doit mettre à sa disposition un local équipé et un tableau d'affichage. ▪ Au-delà de 1 000 salariés, chaque section syndicale représentative doit avoir son local.

Liste des sigles et abréviations utilisés

AAH .... Allocation aux adultes handicapés
ASS .... Allocation de solidarité spécifique
CDD .... Contrat à durée déterminée
CDDU .... Contrat à durée déterminée d'usage
CDI .... Contrat à durée indéterminée
CDII/CD2I ... Contrat à durée indéterminée intermittent
CPF .... Compte personnel de formation
CPH .... Conseil de prud'hommes
CSE .... Comité social et économique
CSSCT .... Commission santé, sécurité et conditions de travail
CTP .... Contrat de transition professionnelle
CTT .... Contrat de travail temporaire
CUI .... Contrat unique d'insertion
Dares .... Direction de l'animation de la recherche, des études et des statistiques
DPAE .... Déclaration préalable à l'embauche
DREETS ...... Direction régionale de l'économie, de l'emploi, du travail et des solidarités
DRH .... Direction des ressources humaines
DSN .... Déclaration sociale nominative
ETT .... Entreprise de travail temporaire
IJSS .... Indemnités journalières de Sécurité sociale
IRP .... Instances représentatives du personnel
OIT .... Organisation internationale du travail
OPCO .... Opérateur de compétences
PSE .... Plan de sauvegarde de l'emploi
PTP .... Projet de transition professionnelle
RCS .... Registre du commerce et des sociétés
RSA .... Revenu de solidarité active
SMIC .... Salaire minimum interprofessionnel de croissance
SMR .... Salaire moyen de référence
URSSAF ..... Union de recouvrement des cotisations de Sécurité sociale et d'allocations familiales
VIP .... Visite d'information et de prévention

Édition : Florence Terrasse
Maquette et couverture : Vincent Rioult
Mise en page : Cyrille de Swetschin

ISBN : 978-2-09-503158-9
Code éditeur : 387392

N° de projet : 10295723 - Dépôt légal : février 2024
Achevé d'imprimer en janvier 2024 par Estimprim, (France)